ENURESE NOTURNA

E61　　Enurese noturna : diagnóstico e tratamento / Organizadores, Edwiges Ferreira de Mattos Silvares, Rodrigo Fernando Pereira. – Porto Alegre : Artmed, 2012.
192 p. : il. ; 23 cm.

ISBN 978-85-65852-00-5

1. Psicologia. 2. Psicologia da infância e adolescência. 3. Enurese noturna. I. Silvares, Edwiges Ferreira de Mattos. II. Pereira, Rodrigo Fernando.

CDU 159.922.7/.8

Catalogação na publicação: Ana Paula M. Magnus – CRB 10/2052

EDWIGES FERREIRA DE MATTOS SILVARES
RODRIGO FERNANDO PEREIRA

ORGANIZADORES

ENURESE NOTURNA

diagnóstico e tratamento

2012

© Artmed Editora Ltda., 2012

Capa
Paola Manica

Ilustrações
Gilnei Cunha

Preparação do original
Edna Calil

Leitura final
Rafael Padilha Ferreira

Coordenadora editorial
Mônica Ballejo Canto

Gerente editorial
Letícia Bispo de Lima

Projeto e editoração
Armazém Digital® Editoração Eletrônica – Roberto Carlos Moreira Vieira

Reservados todos os direitos de publicação à
ARTMED EDITORA LTDA., uma empresa do GRUPO A EDUCAÇÃO S.A.
Av. Jerônimo de Ornelas, 670 – Santana
90040-340 Porto Alegre RS
Fone: (51) 3027-7000 Fax: (51) 3027-7070

É proibida a duplicação ou reprodução deste volume, no todo ou em parte, sob quaisquer formas ou por quaisquer meios (eletrônico, mecânico, gravação, fotocópia, distribuição na Web e outros), sem permissão expressa da Editora.

SÃO PAULO
Av. Embaixador Macedo Soares, 10.735 – Pavilhão 5
Cond. Espace Center – Vila Anastácio
05095-035 – São Paulo – SP
Fone: (11) 3665-1100 Fax: (11) 3667-1333

SAC 0800 703-3444 – www.grupoa.com.br

IMPRESSO NO BRASIL
PRINTED IN BRAZIL

Autores

Edwiges Ferreira de Mattos Silvares (org.). Professora Titular do Departamento de Psicologia Clínica do Instituto de Psicologia da Universidade de São Paulo. Mestre pela Northeastern University (USA). Doutora e livre docente pela Universidade de São Paulo. Professora orientadora (mestrado e doutorado) e supervisora clínica junto à USP. Desenvolve pesquisas sobre enurese, novas formas de atendimento psicológico em clínicas-escola, tratamento e prevenção de distúrbios psicológicos infantis e adolescentes e treinamento de terapeutas comportamentais.

Rodrigo Fernando Pereira (org.). Psicólogo formado pela Universidade Mackenzie, mestre e doutor em psicologia clínica pelo Instituto de Psicologia da Universidade de São Paulo. Atualmente é pós-doutorando no Instituto de Psicologia da Universidade de São Paulo e psicólogo na Disciplina de Urologia da Faculdade de Medicina do ABC.

Adrienne Lebl. Médica Assistente da Emergência Pediátrica e Unidade de Nefrologia Pediátrica da Santa Casa de Misericórdia de São Paulo. Pesquisadora do Departamento de Nefropediatria do Instituto da Criança – FMUSP.

Carolina Ribeiro Bezerra de Sousa. Psicóloga e Mestre em Psicologia Clínica pela Universidade de São Paulo (USP). Terapeuta de crianças e adultos. Pesquisadora vinculada ao Laboratório de Terapia Comportamental (LTC) do Departamento de Psicologia Clínica da USP.

Clarice Tanaka. Fisioterapeuta. Mestre e Doutora em Ciências pela USP. Pós-Doutorado pela McGill University e pela Université de Montréal. Professora Titular do Departamento de Fisioterapia, Fonoaudiologia e Terapia Ocupacional da Faculdade de Medicina da Universidade de São Paulo (FMUSP).

Deisy Ribas Emerich. Psicóloga. Mestranda do Programa de Pós-Graduação em Psicologia Clínica no Instituto de Psicologia da USP, com bolsa pela Fundação de

Amparo à Pesquisa do Estado de São Paulo (FAPESP). Pesquisadora vinculada ao Instituto de Psiquiatria da Faculdade de Medicina (HC-SMUSP).

Fábio José Nascimento. Médico e Urologista da Faculdade de Medicina do ABC. Mestrando em Ciências da Saúde pela mesma instituição. Professor Assistente e responsável pelo setor de Urologia Pediátrica da Disciplina de Urologia da Faculdade de Medicina do ABC e pelo serviço de Urologia do Hospital de Ensino Padre José de Anchieta (São Bernardo do Campo – SP). Membro titular da Sociedade Brasileira de Urologia.

Guilherme Rodrigues Raggi Pereira. Estudante. Graduação em andamento pela Universidade de São Paulo. Bolsista de iniciação científica.

José Murillo B. Netto. Professor Adjunto do Departamento Materno-Infantil da Faculdade de Medicina da Universidade Federal de Juiz de Fora (UFJF). Coordenador do Núcleo Interdisciplinar de Pesquisa em Urologia (NIPU) da Universidade Federal de Juiz de Fora (UFJF). Doutor em Clínica Cirúrgica pela Faculdade de Medicina de Ribeirão Preto da Universidade de São Paulo (FMRP-USP). Fellow em Urologia Pediátrica do Children's Hospital – University of Alabama at Birmingham (UAB).

Julia de Paiva Gonçalves. Psicóloga. Bolsista de Iniciação Científica no Instituto de Psiquiatria da Faculdade de Medicina da USP.

Noel José Dias da Costa. Psicólogo. Mestre em Psicologia Clínica pela USP. Doutor em Ciência, Área Psicologia Clínica, pela USP. Docente do Centro Universitário Adventista de São Paulo (UNASP). Pesquisador Colaborador do Ambulatório de Transtornos Afetivos do IPq-HCFMUSP.

Paula Braga-Porto. Psicóloga. Especialista em Terapia Cognitivo-Comportamental pela USP. Mestre em Análise do Comportamento pela PUC-SP. Doutoranda em Psicologia Clínica na USP e pesquisadora do Projeto Enurese.

Rafaela Almeida Ferrari. Psicóloga. Mestranda em Psicologia Clínica no Instituto de Psicologia da USP.

Rita Pavione Rodrigues Pereira. Fisioterapeuta. Especialista em Reeducação Funcional da Postura e do Movimento pela USP. Fisioterapeuta e supervisora de estágio dos Cursos de Especialização de Fisioterapia em Gerontologia e da Reeducação Funcional da Postura e do Movimento do Instituto Central do Hospital das Clínicas da FMUSP.

Simone Nascimento Fagundes. Pediatra. Especialização na área de Nefrologia Pediátrica. Mestre em Ciências pela FMUSP. Médica Pesquisadora no Instituto da Criança do HCFMUSP.

Vera H. Koch. Professora Livre Docente do Departamento de Pediatria da Faculdade de Medicina da USP (FMUSP). Médica da Unidade de Nefrologia Pediátrica do Instituto da Criança do HCFMUSP.

Yasmin Spaolonzi Daibs. Psicóloga. Atualmente atua como psicóloga clínica em consultório particular e acompanhante terapêutica de crianças com síndromes do espectro autista e outros transtornos.

Prefácio

A enurese noturna é um dos problemas de saúde mais comuns da infância e adolescência. Fica restrito ao ambiente familiar, pois as pessoas envolvidas têm vergonha de falar a respeito.

A criança ou o jovem ficam impedidos de participar de atividades externas com os colegas, desenvolvem baixa autoestima, recebem punições de pais bem-intencionados, porém desesperados por não saberem mais o que fazer. Os profissionais na atenção primária não foram treinados para abordar este problema. Os especialistas sabem diagnosticar a enurese secundária relacionada a outros problemas clínicos, mas não a monossintomática, que é a mais comum. Desconheço a faculdade de medicina que tenha aulas específicas na graduação sobre o tema. A maioria das faculdades de psicologia também não o aborda. Temos assim o pior cenário: um problema de saúde muito frequente, mas tratável, o tratamento simples, mas não disponível.

Este livro idealizado e coordenado pela Profª. Edwiges Ferreira de Mattos Silvares e por seu aluno, hoje doutor, Rodrigo Fernando Pereira, respeita o caráter multidisciplinar desta síndrome, pois reúne profissionais de diversas áreas. Discutem-se diagnóstico, comorbidades, etiologia e impactos na clínica médica, psicológicos e psiquiátricos. Principalmente, ensina a tratar passo a passo o que é relevante na anamnese, como deve ser feita a avaliação médica, o uso do diário miccional, os tratamentos farmacológicos e o tratamento mais bem-sucedido que é o feito com uso do alarme.

Os tratamentos são discutidos conforme o grau de evidência que apresentam, dentro das concepções mais atuais do que determina uma boa conduta clínica.

O texto é muito claro, de leitura agradável, contém pequenos quadros que resumem os pontos principais, as referências são atualizadas, e respeita a tradição comportamental ao trazer questões para avaliar os conhecimentos adquiridos.

Este livro preenche uma lacuna. É adequado aos alunos de graduação das áreas de saúde, serve como orientação para pais, informa e atualiza os profissionais que estão preocupados com seus pacientes com enurese.

O livro coroa o esforço de um grupo que há anos pesquisa o tema, o qual desenvolveu equipamento adequado para o tratamento, testou seu uso e adaptou o método de tratar para o nosso meio.

Francisco Lotufo Neto
Professor Associado do Departamento de Psiquiatria da
Faculdade de Medicina da Universidade de São Paulo

Apresentação

A enurese noturna é um dos problemas de saúde mais comuns da infância. Em qualquer ambiente com crianças e adolescentes é praticamente certo que esse problema está presente, embora não manifestado, devido à vergonha daqueles que sofrem por causa do xixi na cama.

Já é bem sabido que a enurese, quando não tratada, pode trazer uma série de dificuldades emocionais ao longo do desenvolvimento da criança ou adolescente, seja pela intolerância dos pais, pela impossibilidade de realização de atividades sociais ou pelo isolamento por conta do impacto que o xixi na cama traz para a autoestima da criança ou do adolescente.

O grande problema enfrentado por essas famílias é, na verdade, a desinformação: por não saber que a enurese é um problema de saúde e por não saber que existem tratamentos eficazes. Esse quadro torna-se mais complicado quando se verifica que a falta de informação ocorre também entre os profissionais de saúde, que, muitas vezes, dizem que o problema melhorará sozinho ou minimizam o seu impacto na vida desses pacientes. É essencial e urgente que haja uma maior disseminação dos conhecimentos clínicos e científicos sobre a enurese e seu tratamento entre médicos, enfermeiros, psicólogos, fisioterapeutas e outros profissionais.

O presente livro é fruto de 20 anos de pesquisas relacionadas à enurese noturna realizadas no Laboratório de Terapia Comportamental do Instituto de Psicologia da Universidade de São Paulo (IPUSP). Essas pesquisas, coordenadas pela professora titular Edwiges Ferreira de Mattos, deram origem a um grupo de pesquisadores denominado Projeto Enurese e renderam diversas publicações em periódicos nacionais e internacionais, bem como dissertações de mestrado e teses de doutorado.

Por conta da natureza da enurese, a sua atenção deve ser sempre multidisciplinar. Sendo assim, optamos por não nos restringir ao conhecimento produzido pelas pesquisas realizadas no IPUSP. Convidamos profissionais renomados de diversas áreas (urologia, nefrologia, pediatria, fisioterapia), com quem tivemos a oportunidade de trabalhar em conjunto nos últimos anos, para integrar o rol de autores dessa publicação, a fim de fornecer ao profissional de saúde que lida com crianças uma visão ampla sobre como entender, avaliar e tratar a enurese. Agradecemos a colaboração inestimável desses profissionais, sem a qual este livro não seria tão abrangente.

O livro foi construído a fim de possibilitar ao profissional ter a compreensão sobre o que é a enurese, quais as suas causas e por que ela deve ser tratada. Em seguida, são fornecidas informações sobre como realizar a avaliação da enurese de acordo com sua área de atuação (medicina, psicologia ou fisioterapia). Aborda-se, então, quais as diversas formas de tratamento da enurese, incluindo as vantagens, desvantagens e indicadores de evidência para cada tratamento. Por fim, são abordados temas complementares, como comorbidades, adesão, aplicação do tratamento no SUS e o histórico do Projeto Enurese.

Esperamos que este guia para profissionais atinja o seu propósito de desmistificar e informar os profissionais sobre a enurese noturna e faça do leitor um replicador de conhecimento sobre o assunto, auxiliando a cuidar da melhor forma possível das crianças e adolescentes com enurese.

Edwiges Ferreira de Mattos Silvares
Rodrigo Fernando Pereira
Organizadores

Sumário

Prefácio ix
FRANCISCO LOTUFO NETO

Apresentação xi
EDWIGES FERREIRA DE MATTOS SILVARES e RODRIGO FERNANDO PEREIRA

1 Enurese em crianças e adolescentes: a importância do tratamento 15
EDWIGES FERREIRA DE MATTOS SILVARES

2 Disfunções miccionais na infância 28
FÁBIO JOSÉ NASCIMENTO

3 Etiologia da enurese e seu impacto no diagnóstico 39
RAFAELA ALMEIDA FERRARI e SIMONE NASCIMENTO FAGUNDES

4 Comorbidades entre enurese e outros quadros 52
CAROLINA RIBEIRO BEZERRA DE SOUSA e DEISY RIBAS EMERICH

5 Avaliação da enurese: anamnese e aspectos psicossociais 64
DEISY RIBAS EMERICH e CAROLINA RIBEIRO BEZERRA DE SOUSA

6 Avaliação médica: exame físico, diário miccional e exames laboratoriais 77
ADRIENNE LEBL e VERA H. KOCH

7 Tratamento com alarme: como fazer 93
RODRIGO FERNANDO PEREIRA

8 Tratamentos medicamentosos: como e quando usar 104
JOSÉ MURILLO B. NETTO

9 O papel da fisioterapia no tratamento da enurese 119
CLARICE TANAKA e RITA PAVIONE RODRIGUES PEREIRA

10 Tratamentos alternativos para a enurese: valem a pena? 130
PAULA BRAGA-PORTO

11 Enurese em adultos 139
YASMIN SPAOLONZI DAIBS

12 Tratamento da enurese com supervisão a distância
a partir de um serviço-escola de psicologia 149
NOEL JOSÉ DIAS DA COSTA

13 Adesão ao tratamento e principais dificuldades 170
JULIA DE PAIVA GONÇALVES

14 Projeto Enurese: 20 anos de tratamento com alarme no Brasil 179
GUILHERME RODRIGUES RAGGI PEREIRA

Índice 190

1
Enurese em crianças e adolescentes: a importância do tratamento

EDWIGES FERREIRA DE MATTOS SILVARES

Introdução

O propósito deste capítulo, como o título sugere, é, primariamente, discutir a importância de se tratar a enurese (infantil e adolescente), independentemente da faixa etária em que ela seja diagnosticada, levando o portador à condição de controle vesical.

Inicialmente apresentaremos a epidemiologia, etiologia e patogenia dessa condição para combater argumentos contrários às concepções errôneas que justificariam o adiamento e/ou a indefinição terapêutica no tratamento da enurese. Em seguida, veremos os principais fatores responsáveis pela omissão do tratamento por parte dos pais e profissionais, bem como o impacto positivo decorrente do tratamento específico, destacando a necessidade de uma avaliação compreensiva e encaminhamento adequados do problema, sem negligenciá-lo.

A evolução do conhecimento científico relativo à eficácia do tratamento da enurese (muitas vezes chamada de enurese noturna ou mais especificamente da enurese noturna monossintomática – MNE) é crescente. Essa condição, das muito frequentes na infância (Özgür, Özgür e Örün, 2009), é entendida aqui, em conformidade com um dos documentos de estandardização, promovido em 2006, pela Sociedade Internacional de Continência em Crianças – International Children´s Continence Society – ICCS (Nevéus et al., 2006) como incontinência urinária, durante o sono de uma criança com pelo menos 5 anos, sendo que essa condição não é causada por outros fatores, como diabetes ou malformação do sistema nervoso central (SNC). É importante, ainda, descrever a classificação da enurese: ela é considerada primária quando a criança nunca teve controle da urina durante o sono, ou secundária, quando o controle existiu por pelo menos seis meses consecutivos e foi pedido. A enurese também pode ser monossintomática, quando não existem outros sintomas do trato urinário inferior, ou não monossintomática, quando tais sintomas estão presentes.

É de se esperar que, em função dos progressos na área, algumas ideias sem base empírica sobre o tratamento dessa condição devam ser deixadas de lado, na medida em que o conhecimento construído for mais amplamente difundido. Essas concepções errôneas variam ao longo de dois extremos, indo desde o ponto de vista de que não haveria um tratamento específico para essa condição particular até a crença de que não haveria nenhuma necessidade de tratamento para enurese uma vez que, com o decorrer do tempo, essa condição se dissiparia, ou seja, o controle vesical, nunca antes alcançado desde o nascimento da pessoa, seria obtido de forma natural sem necessidade de nenhuma intervenção.

> O molhar a cama à noite só pode ser considerado como uma condição médica e merecedora de cuidados de saúde a partir dos cinco anos de idade.

Epidemiologia, etiologia e patogenia

A condição comum de molhar a cama, sentida como um problema altamente impactante em crianças que convivem com ela (Butler e Heron, 2007), prevalente no sexo masculino, é mais comum em certas famílias do que em outras, o que sugere a hipótese etiológica da herança genética como um dos fatores determinantes do problema. Há, inclusive, um estudo que mostra ser de 43% a probabilidade de desenvolver enurese quando um dos pais molhava a cama quando criança, e de 77% quando os dois pais o faziam (Järvelin e cols., 1991). Teoricamente, essa causa genética poderia operar influenciando diretamente o desenvolvimento do sistema nervoso central (SNC), que não se reorganizaria como esperado e impediria que tivesse lugar o condicionamento que normalmente ocorre ao longo do desenvolvimento infantil e leva a maioria das crianças ao controle vesical.

Norgaard e colaboradores (1997) comentaram ser esperado que as crianças recém-nascidas, enquanto lactentes, tenham uma micção reflexa. Em outras palavras, quando a bexiga fica cheia, provoca contrações involuntárias que levam à eliminação natural e frequente da urina. À medida que a criança se desenvolve, há naturalmente uma reorganização neural envolvendo tanto a inibição das contrações involuntárias da bexiga, durante o dia ou à noite, quanto o acordar frente ao enchimento da bexiga durante a noite. Nesse período, a bexiga cheia passa a ser um $S^{D,}$ ou para uma resposta de contração dos esfíncteres ou para a de acordar, as quais, em consequência, evitam a sensação de estar molhado, conforme esquema abaixo, proposto por Pereira (2010):

Bexiga cheia(S^D) – Inibição das contrações (R) ⟶ Permanece seco (S^{R-})
Bexiga cheia (S^D) – Acordar (R) ⟶ Permanece seco (S^{R-})

O pesquisador analisa essa evolução em termos principalmente operantes e a justifica explicando que o estar molhado funciona como um estímulo aversivo possível de ser pareado com a sensação de bexiga cheia, que o precede diretamente; por esquiva ativa, então, ocorre a obtenção do controle. Ainda na opinião de Pereira (2010), os portadores de enurese evidenciam uma falha em um dos dois processos acima e têm a seu favor nessa posição o estudo de Norgaard e colaboradores. (1997), segundo o qual é preciso que as duas possibilidades inexistam para que a criança apresente enurese, uma vez que qualquer uma delas seria suficiente para solucionar o problema.

A condição de enurese, experimentada por 5-10% das crianças, se não é superada de forma natural até por volta dos 5 anos, pode persistir na adolescência e na vida adulta, ainda que com incidência menor (1-2%), (Butler, Golding e Northstone, 2005; Yeung et al., 2006).

Tanto o reconhecimento de que a recuperação espontânea da enurese tem uma taxa anual de apenas 15% (Kristensen e Hensen, 2001) quanto o dado empírico sobre a incidência do quadro entre adolescentes não ser nulo, apontado tanto por estudos brasileiros, relativos ao tratamento com alarme para portadores de enurese dessas duas faixas etárias (Costa, 2009, Pereira et al., 2010), quanto pelos epidemiológicos estrangeiros (Butler, Golding e Northstone, 2005; Yeung et al., 2006) derrubam a ideia de que, se deixada de forma natural, essa condição será superada por si só ou de forma espontânea.

> Do ponto de vista comportamental, a causa mais provável da falta de controle vesical presente na enurese é a falta de um condicionamento operante efetivo no desenvolvimento da criança.

> É errônea a ideia de que toda criança terá a enurese superada de forma espontânea.

Há suporte científico suficiente para explicar a etiologia dessa condição por meio de três mecanismos patogênicos, a saber: poliúria noturna, hiperatividade detrusora noturna e limiares elevados para despertar aos sinais de bexiga cheia, sendo os três processos decorrentes de distúrbios da base do cérebro (Nevéus et al., 2006; Nevéus, 2011).

Um completo entendimento desses três mecanismos nos leva às razões pelas quais, dentre todos os tratamentos para enurese, a terapia com alarme de urina é considerada a mais efetiva, de acordo com as duas últimas revisões Cochrane sobre o tema, a saber: Glazener e Evans, 2007; Silvares, Pereira e Sousa, 2011.

São elas, também, que justificam o fato de esse tipo de tratamento ser considerado "padrão ouro" (em outras palavras: o melhor de todos os tratamentos) pela ICCS (Nevéus et al., 2010).

Desde longa data, é reconhecido que há maior produção de urina durante o sono por grande parte da crianças que têm enurese, fato este que pode se constituir em um dos fatores para o surgimento desse problema (Houts, 1991). A produção elevada de urina à noite é chamada de poliúria (Nevéus, 2011) e decorre da falta da produção de vasopressina (um hormônio antidiurético, normalmente produzido pela pituitária à noite), o que não ocorre com crianças que não molham a cama. Em consequência da produção normal desse hormônio, as crianças não portadoras de enurese produzem urina em pouca quantidade à noite (Rittig et a., 1989). Da mesma forma, sabe-se que crianças não portadoras de enurese podem ter essa condição produzida artificialmente, quando, antes de ir dormir, lhes é dada muita água para ingerir (Rasmussen et al., 1996). Decorre dos dois pontos acima, o fato de a desmopressina (DVVAP) – substância química análoga à vasopressina – ser reconhecida, pela ICCS, dentre todas as medicações de base empírica para tratamento da enurese, a possibilidade medicamentosa "padrão ouro" de tratamento. O uso da desmopressina é assim considerado com base na evidência empírica de fazer com que muitas crianças portadoras de enurese permaneçam secas durante o sono, em especial aquelas que apresentavam poliúria (Hunsballe et al., 1995; Nevéus, 2011).Também, as últimas revisões Cochrane sobre enurese (Glazener e Evans, 2007; Silvares, Rodrigues e Sousa, 2011) sinalizam que esse tratamento, dentre todos os medicamentosos, é o padrão ouro. No entanto, é importante lembrar que, apesar de ser mais efetivo, não leva à cura do problema, pois, a recaída, com a retirada do medicamento, é muito alta (Glazener e Evans, 2007; Macedo, 2010; Silvares, Rodrigues e Porto, 2011).

> À noite, o volume de urina da maioria das crianças com enurese pode ser maior do que o daquelas que não têm enurese.

Há, entretanto, alguns outros pontos relativos à etiologia da enurese, além desses relativos à falta de produção de vasopressina, que são importantes de serem trazidos à tona, especialmente no que concerne à eficácia do tratamento. O primeiro desses pontos é o de que nem todas as crianças que urinam na cama à noite são poliúricas (Hunsballe et al., 1995). Além disso, algumas crianças com poliúria não molham suas camas por apresentarem também o que se chama noctúria, ou seja, acordam à noite para urinar (Mattsson e Lindström,1994). E mais, a poliúria não explica por que algumas crianças não acordam quando as suas bexigas se enchem completamente (Nevéus, 2011).

Sabe-se, também, que nem todas as crianças molham a cama porque as suas bexigas estão mais cheias do que as das demais, mas por sofrerem de hiperatividade dos músculos detrusores da bexiga (Fonseca et al., 2009). Há também evidências de uma grande superposição de MNE e urgência, e, ainda, que as crianças que são portadoras de enurese, especialmente aquelas não poliúricas, urinam em menor quantidade do que as que não são portadoras (Nevéus et al., 2001).

> Muitas crianças e adolescentes com enurese permanecem nessa condição por causa dos seus detrusores disfuncionais.

O fato de o volume de urina em muitas crianças que urinam na cama à noite ser reduzido, não deixa claro o que se passa com elas, porque, a despeito de urinarem pouco volume, ainda assim molham a cama. É importante reconhecer que o reduzido volume de urina produzido à noite pode não decorrer de uma bexiga pequena, mas de uma bexiga que se contrai antes de estar cheia, pela desinibição indevida e involuntária dos seus músculos detrusores. Se esse é o caso de uma criança portadora de enurese, então, o tratamento com acetato de desmopressina não será efetivo.

Sabe-se, além disso, que tanto a distensão da bexiga quanto as contrações dos detrusores são fortes estímulos excitatórios (Page e Valentino, 1994) e que, se as crianças não conseguem despertar com eles, fatalmente urinarão na cama. Destas considerações, segue a conclusão de que **enurese é especialmente um distúrbio do despertar** cuja explicação reside na base do cérebro, ou seja, pode ser causada pelos estímulos excitatórios por si mesmos. Todos esses pontos favorecem a crença de um ponto sobre o qual a maioria dos pais concorda (Nevéus, et al., 1999 e 2011) e que também é favorecido pelos estudos de Wolfish, Pivik e Busby (1997) sobre os limiares de excitação.

> Toda criança com enurese é também uma criança que tem "sono pesado".

Nevéus (2011), ao discorrer sobre esse último ponto, faz uma analogia da situação com uma outra imaginária, de, por exemplo, alguém que acaba por ignorar as batidas na porta, após ter ouvido várias vezes batidas nela sem nunca ter aparecido alguém lá para ser atendido, apesar de ter ido sempre atender. No caso da enurese, uma pessoa que tem uma bexiga hiperativa e/ou cheia e uma história dos detrusores disfuncionais (que sinalizam indevidamente a urgência de urinar), acaba por ignorar as batidas (sinais excitatórios), ou seja, age como a pessoa das batidas na porta, a qual acaba por instalar uma fechadura mais forte (sono pesado) para não a acordar mais (a não ser quando já está toda molhada).

Em síntese, pode-se concluir que a criança ou o adulto que molha a cama o faz pelas seguintes condições principais:

1. a bexiga (supercheia) não o desperta ou;
2. as contrações irregulares dos detrusores falham por acordá-la ou;
3. pelas duas coisas simultaneamente.

O tratamento da enurese com aparelho de alarme é efetivo e reconhecido como tratamento psicológico padrão ouro pela ICCS, pelo fato de o sinal do aparelho (independentemente do tipo, seja este portátil ou de cabeceira)[1] conseguir fazer com que a maioria das crianças desperte ao sinal dado pelo alarme indicando bexiga cheia e/ou que ela iniciou o processo de urinar, quase no momento mesmo em que ela começa a fazê-lo. Com a continuidade do procedimento ela acaba por aprender a produzir o hormônio (o mais frequente) ou a despertar quando sua bexiga está cheia.

Em função do antes exposto, no entanto, o tratamento com alarme só é funcional e efetivo para condição 1, mas não para as 2 e 3,[2] ponto este que destaca a necessidade de uma avaliação cuidadosa e do encaminhamento para tratamento adequado. Decorre então que podemos concluir a primeira parte deste trabalho anulando outra concepção errônea e afirmando que: *há, sim, tratamentos empiricamente validados para o tratamento da enurese, sem os quais muitos portadores desse transtorno não superariam esta condição.*

A falta de atenção ao problema e/ou omissão do tratamento à enurese

Na busca pelo conhecimento sobre os motivos principais que levam pais e profissionais a não dispensarem a necessária e adequada atenção à condição, foram encontrados três tipos de razões:

a) desconsiderar a enurese como objeto de intensa preocupação;
b) ignorar a condição como médica e passível de tratamento;
c) tentar resolver o problema por estratégias caseiras.

O estudo de Özkan e colaboradores (2004) pode ser considerado como um exemplo de pesquisas que evidenciam o primeiro motivo, o de Yeung (1998), como um exemplo do segundo, e os de Sousa, Emerich e Silvares, (2011), do terceiro.

Özkan e colaboradores (2004) realizaram um estudo na Turquia envolvendo questionários respondidos por familiares de crianças de 5-11anos, moradoras da região leste do país. De um total de 3.527 familiares de crianças dessa faixa etária, 10% apresentavam enurese (aproximadamente 353 crianças). No entanto, apenas 15% dos pais dessas crianças haviam visitado um médico em função do problema, o que levou os autores a concluir que a preocupação dos pais com a enurese não era intensa.

O estudo asiático, desenvolvido por Yeung e colaboradores (2006), envolveu respostas a 21 mil questionários autoaplicáveis enviados a famílias de Hong Kong para determinar a presença de molhar a cama e outros aspectos relacionados. As famílias de crianças e jovens de 5-19 anos os receberam através de 67 escolas infantis, de nível fundamental e médio, selecionadas ao acaso para abranger diferentes áreas da cidade. Também foi solicitado que indicassem a forma pela qual se tornaram conscientes de que o molhar a cama era um problema e que merecia atenção médica. Em resposta a esta questão, 89% das famílias declararam que só se tornaram totalmente conscientes de que urinar na cama era um problema médico significante e merecedor de atenção por intermédio de material visto na mídia nos últimos 3-4 anos.

Chama a atenção, ainda, o fato de os autores, ao discutirem os dados do estudo de 2006, terem comentado a diferença dos resultados obtidos em comparação aos de outro mais antigo (Yeung, 1998). No mais antigo, foi encontrada uma prevalência da enurese muito menor do que a esperada pela literatura internacional. Nele também deve-se ressaltar o fato de que uma grande proporção da população geral, consultada sobre a falta de controle de esfíncteres de seus filhos, declarou que desconhecia a condição como anômala e passível de tratamento.

Emerich, Sousa e Silvares (2011) analisaram 235 prontuários de 185 crianças (6-11 anos) e 55 adolescentes (12-18 anos), de ambos os sexos, passados em triagem, entre 2004 e 2009, para serem atendidos na busca do tratamento para disfunção, pelo Projeto Enurese (um serviço-escola do IP da USP-SP) que atende os portadores de enurese e promove pesquisas sobre o tema). O estudo viabilizou a definição de algumas das características sociodemográficas e clínicas dessa população, bem como de algumas estratégias de enfrentamento familiar ao problema. Destas, a pior possível é a punição e, no caso, constatou-se que 15,4% dos pais de crianças e de 17,3% de adolescentes faziam uso dela, diferentemente de outro estudo brasileiro (Sapi et al., 2009), no qual 80% dos pais referiram violência contra os portadores de enurese.

O fato de a maioria dos pais do Projeto Enurese ter declarado recorrer predominantemente ao uso de fraldas ou protetor de colchão e acordar a criança para ir ao banheiro e não puni-la – uma clara discordância entre os estudos – é derivado possivelmente da divergência de metodologia e amostragem das populações abarcadas pelos dois estudos. No estudo de Emerich e colaboradores (2011), a maior parte da população era educacionalmente favorecida, mas não no de Sapi e colaboradores (2009).

Os autores de ambos os estudos, além de reprovarem o fato de a criança ser punida por não conseguir obter controle vesical, também chamaram atenção para os possíveis efeitos colaterais danosos ao desenvolvimento dessas crianças em função da violência paterna a que estavam submetidas.

Um outro ponto comum aos dois estudos é o de que muitos familiares de crianças com enurese, em vez de buscar a ajuda adequada para controlar o problema, recorrem a estratégias caseiras e inefetivas para o seu tratamento. O próprio fato de as famílias terem buscado auxílio no centro especializado (Projeto Enurese), depois de terem utilizado tais estratégias de forma ineficaz, demonstra isso. Por outro lado, não é demais frisar que as alternativas parentais para tratar a enurese, por não se voltarem para a causa do problema, como o fazem os tratamentos padrão ouro, não poderiam levar à remissão do problema.

O impacto negativo da permanência da condição de enurese e os aspectos positivos da sua eliminação

A pergunta natural e imediata frente à omissão do tratamento de enurese é: como reage o portador de enurese diante da injustiça que o mantém na indesejável condição de portador de uma disfunção, pela qual muitas vezes é punido, sem ter nenhuma culpa?

Estudos epidemiológicos (Butler et al., 2005; Liu et al., 2000 Yeung et al., 2006) mostram que os portadores de enurese apresentam mais problemas do que os que não são portadores. Há, além disso, estudos demonstrando que crianças com enurese apresentam menos problemas do que crianças encaminhadas para as clínicas psicológicas por problemas distintos (p. ex., Santos e Silvares, 2006).

Os problemas associados à condição de enurese podem ser vistos como decorrentes dela e não como causados por ela. O saber construído sobre problemas de comportamento e enurese, entretanto, está longe de ser suficientemente desenvolvido e não se sabe ainda concretamente se esses problemas associados à enurese são apenas relacionados à condição ou se determinados por ela. Há, porém, uma tendência atual a considerar a primeira hipótese como mais provável do que a segunda (p. ex., Butler et al., 2006). Essa hipótese é reforçada pelos estudos de avaliação que mostram como as crianças portadoras de enurese apresentam menor autoestima do que as que não são portadoras (Coppola, Gaita e Saraulli, 2011). Além disso, há também estudos de intervenção que mostram que as crianças com enurese se beneficiaram após o tratamento da doença (Hirassing et al., 2002; Pereira et al., 2010), passando a apresentar menos problemas comportamentais e emocionais.

A tese de que a enurese é um transtorno primário e de que os problemas associados são secundários, dela derivados, tem a seu favor principalmente os estudos sobre as relações entre autoestima e enurese. Nessa direção é bom lembrar, por exemplo, o estudo de Haglof e colaboradores (1997), que, além de evidenciar como as crianças portadoras de enurese tinham sua autoestima elevada após o tratamento específico para a condição, demonstravam também que a autoestima delas continuava em elevação à medida que o tempo passava após a remissão do problema.

Finalizando o capítulo, podemos dizer que todo saber científico ao nosso alcance sobre os protocolos adequados para o tratamento da enurese, o impacto positivo do seu tratamento efetivo e os aspectos negativos da sua omissão, por certo contribuem para o reconhecimento crescente de que é muito importante que os portadores de enurese tratem dessa condição tão logo seja o diagnóstico finalizado. De igual forma, fica cada vez mais claro que os profissionais da saúde devem se manter atualizados sobre esse tema, pois somente assim poderão fornecer informações claras sobre o tratamento correto para a condição, bem como envidar todos os esforços no sentido da superação definitiva e melhoria de autoestima. Não é demais acrescentar que esforços semelhantes são esperados dos pesquisadores dessa área, mas a estes cabe, ainda, não só divulgar o saber de todas as formas possíveis, como o fazemos agora, e principalmente não esmorecer jamais na construção de tal conhecimento.

Pontos para lembrar

- As crianças com enurese precisam passar por uma avaliação cuidadosa, e muitas vezes compreensiva, para, em decorrência, poderem ser tratadas em conformidade com um dos protocolos empiricamente validados de modo a eliminar a condição indesejável, sem apresentar recaídas.
- A desinformação sobre a enurese poderá falsear os estudos epidemiológicos sobre a condição, além de impedir que ela possa ser tratada de forma correta e eficaz.
- A autoestima da criança com enurese é bem rebaixada em relação à de crianças que não apresentam a mesma condição, mas, após sua remissão, essa se eleva gradualmente.

Perguntas de revisão

1. Porque é importante o conhecimento da epidemiologia, da etiologia e da patogenia da enurese?

    a) Porque a etiologia, a epidemiologia e a patogenia da enurese são mecanismos independentes da cultura.
    b) Porque esse conhecimento derruba concepções errôneas acerca da dispensa de tratamento para remissão da enurese e da falsa inexistência de tratamentos específicos para a condição.
    c) Porque essas concepções dão margem para reflexões educacionais importantes.
    d) Porque esse conhecimento desmitifica algumas ideias que dão margem ao tratamento medicamentoso da enurese.

2. O que pode levar uma criança de 5 anos a urinar na cama à noite e ser considerada portadora de enurese?

    a) Urinar menos do que outras crianças da mesma idade e não ter dificuldades para despertar.
    b) Urinar mais do que outras crianças da mesma idade, ter detrusores disfuncionais e ter dificuldades para acordar.
    c) Não urinar mais do que outras crianças da mesma idade e ter dificuldades com os detrusores, mas não ter dificuldades para acordar.
    d) As condições a e b estão corretas, mas não a c.

3. Quais os motivos encontrados na literatura para se omitir o tratamento da enurese?

    a) Desconsiderar a enurese como objeto de intensa preocupação.
    b) Ignorar a condição como médica e passível de tratamento.
    c) Tentar resolver o problema da enurese por estratégias caseiras.
    d) a, b e c.

4. Por que é importante que os pais sejam informados sobre como tratar a enurese?

    a) Porque só assim os pais deixam de lado estratégias que não levam aos resultados dos tratamentos eficazes apoiados empiricamente nem às consequências derivadas deles.
    b) Porque a autoestima rebaixada nos portadores de enurese não é aumentada após o tratamento caseiro.
    c) Porque há demonstrações de que o tratamento contribui para diminuir os problemas associados com a enurese.
    d) Por a, b e c.

Respostas: 1. b 2. b 3. d 4. d

Notas

1. Os dois principais tipos de aparelho de alarme encontrados na literatura (*body* e *bed side*) são descritos no Capítulo 8 sobre como tratar enurese.
2. Não iremos nos alongar sobre outras medicações que poderiam auxiliar no controle dessas duas condições por serem apresentadas no Capítulo 8 sobre tratamentos medicamentosos para enurese.

Referências

Butler, R. J., & Heron, J. (2007). An exploration of children´s views of bedwetting at 9 years Journal compilation. *Child: care, health and development, 34*(1), 65-70.

Butler, R. J., Golding, J., Northstone, K., & ALSPAC Study Team. (2005). Nocturnal enuresis at 7.5 years old: Prevalence and analysis of clinical signs. *Brazilian Journal of Urology International, 96*(3), 404-410.

Coppola, G., Costantini, A., Gaita, M., & Saraulli, D. (2011). Psychological correlates of enuresis: a case-control study on an Italian sample. *Pediatric Nephrology, 26*(10), 1829-1836.

Emerich, D. R., Sousa, C. R. B., & Silvares, E. F. M. (2011). Estratégias de enfrentamento parental e perfil clínico e sociodemográfico de crianças e adolescentes com enurese. *Revista Brasileira de Crescimento e Desenvolvimento Humano, 21*(2), 240-250.

Fonseca, E. G., Bordallo, A. P., Garcia, P. K., Munhoz, C., Silva, C. P. (2009). Lower urinary tract symptoms in enuretic and nonenuretic children. *The Journal of Urology, 182*(4 Suppl), 1978-1983.

Glazener, C. M., Evans, J. H, & Peto, R. E. (2005). Alarm interventions for nocturnal enuresis in children. *Cochrane Database of Systematic Reviews,* (2), CD002911.

Hägglöf, B., Andrén, O., Bergström, E., Marklund, L., & Wendelius, M. (1997). Self-esteem before and after treatment in children with nocturnal enuresis and urinary incontinence. *Scandinavian Journal of Urology and Nephrology, 183*, 79-82.

Hirasing, R. A., Van Leerdan, F. J. M., Bolk-Bennik, L. F., & Koot, H. M. (2002). Effect of dry bed training on behavioural problems in enuretic children. *Acta Paediatrica, 91*(8), 960-964.

Houts, A. C. (1991). Nocturnal enuresis as a biobehavioral problem. *Behavior Therapy, 22*(2), 133-151.

Hunsballe, J. M., Hansen, T. K., Rittig, S., Nørgaard, J. P., Pedersen, E. B., & Djurhuus, J. C. (1995) Polyuric and non-polyuric bedwetting: Pathogenetic differences in nocturnal enuresis. *Scandinavian Journal of Urology and Nephrology, 173*, 77-79.

Järvelin, M. R., Moilanen, I., Kangas, P., Moring, K., Vikeväinen-Tervonen, L., Huttunen, N. P., & Seppänen, J. (1991). Aetiological and precipitating factors for childhood enuresis. *Acta Pediatrica, 80*(3), 361-369.

Kristensen, G., & Jensen, I. N. (2003). Meta-analyses of results of alarm treatment for nocturnal enuresis: Reporting practice, criteria and frequency of bedwetting. *Scandinavian Journal of Urology and Nephrology, 37*(3), 232-238.

Longstaffe, S., Moffatt, M. E. K., & Whalen, J. C. (2000). Behavioral and self-concept changes after six months of enuresis treatment: A randomized, controlled trial. *Pediatrics, 105*(Suppl. 2), 935-940.

Mattsson, S., & Lindström, S. (1995). Diuresis and voiding pattern in healthy schoolchildren. *British Journal of Urology, 76*(6), 783-789.

Nevéus, T., Eggert, P., Evans, J., Macedo, A., Rittig, S., Tekgül. S., et al. (2010). Evaluation of and treatment of monosymptomatic enuresis: A standardization document from the International Children's Continence Society. *The Journal of Urology, 183*(2), 441-447.

Nevéus, T., Hetta, J., Cnattingius, S., Tuvemo, T., Läckgren, G., Olsson, U., & Stenberg, A. (1999). Depth of sleep and sleep habits among enuretic and incontinent children. *Acta Paediatrica, 88*(7), 748-752.

Nevéus, T., Tuvemo, T., Läckgren, G., & Stenberg, A. (2001). Bladder capacity and renal concentrating ability in enuresis: Pathogenic implications. *The Journal of Urology, 165*(6 Pt 1), 2022-2025.

Nevéus, T., Von Gontard, A., Hoebeke, P., Hjälmås, K., Bauer, S., Bower, W., et al. (2006). The standardization of terminology of lower urinary tract function in children and adolescents: Report from the Standardization Committee of the International Children's Continence Society. *The Journal of Urology, 176*(1), 314-324.

Nørgaard, J. P., Djurhuus, J. C., Watanabe, H., Sternberg, A., & Lettgen, B. (1997). Experience and current status of research into the patophysiology of nocturnal enuresis. *British Journal of Urology, 79*(6), 825-835.

Özgür, B. C., Özgür, S., Do an, V., & Örün, U. A. (2009). The efficacy of an enuresis alarm in monosymptomatic nocturnal enuresis. *Singapore Medical Journal, 50*(9), 879-880.

Özkan, K. U., Garipardic, M., Toktamis, A., Karabiber, H., & Sahinkanat, T. (2004). Enuresis prevalence and accompanying factors in schoolchildren: A questionnaire study from southeast anatolia. *Urologia Internationalis, 73*(2): 149-155.

Page, M. E., & Valentino, R. J. (1994). Locus coeruleus activation by physiological challenges. *Brain Research Bulletin, 35*(5-6), 557-560.

Pereira, R. F, Silvares, E. F. M., & Braga, P. F. (2010). Behavioral alarm treatment for nocturnal enuresis. *International Brazilian Journal of Urology, 36*(3), 332-338.

Pereira, R. F. (2006). *A enurese noturna na infância e na adolescência: Intervenção em grupo e individual com uso de aparelho nacional de alarme* (Dissertação de mestrado). Universidade de São Paulo, São Paulo.

Pereira, R. F. (2010). *Variáveis moderadoras do resultado da intervenção com alarme para a enurese noturna* (Tese de doutorado). Universidade de São Paulo, São Paulo.

Rasmussen, P. V., Kirk, J., Borup, K., Nørgaard, J. P., & Djurhuus, J. C. (1996). Enuresis nocturna can be provoked in normal healthy children by increasing the nocturnal urine output. *Scandinavian Journal of Urology and Nephrology, 30*(1), 57-61.

Rittig, S., Knudsen, U. B., Nørgaard, J. P., Pedersen, E. B., & Djurhuus, J. C. (1989). Abnormal diurnal rhythm of plasma Vasopressin and urinary output in patients with enuresis. *The American Journal of Physiology, 256*(4 Pt 2), 664-671.

Santos, E. O. L., & Silvares, E. F. M. (2006). Crianças enuréticas e crianças encaminhadas para clínicas-escola: Um estudo comparativo da percepção de seus pais. *Psicologia: Reflexão e Crítica, 19*(2), 277-282.

Sapi, M. C., Vasconcelos, J. S. P., Silva, F. G., Damião, R., & Silva, E. A. (2009). Avaliação da violência intradomiciliar na criança e no adolescente enuréticos. *Jornal de Pediatria, 85*(5), 433-437.

Silvares, E. F. M., Pereira, R. F., & Sousa, C. R. B. (2011). Evidências no tratamento da enurese. In T. Melnik & A. N. Atalah (Orgs.), *Psicologia baseada em evidencias: Provas cientificas da efetividade da psicoterapia* (cap. 5). São Paulo: Santos.

Wolfish, N. M., Pivik, R. T., & Busby, K. A. (1997). Elevated sleep arousal thresholds in enuretic boys: Clinical implications. *Acta Paediatrica, 86*(4), 381-384.

Yeung, C. K., Chiu, H. N., & Sit, F. K. (1999). Bladder dysfunction in children with refractory monosymptomatic primary nocturnal enuresis. *The Journal of Urology, 162*(3 Pt 2), 1049-1055.

Yeung, C. K., Sreedhar, B., Sihoe, J. D., Sit, F. K., & Lau, J. (2006). Differences in characteristics of nocturnal enuresis between children and adolescents: A critical appraisal from a large epidemiological study. *British Journal of Urology International, 97*(5), 1069-1073.

2
Disfunções miccionais na infância

FÁBIO JOSÉ NASCIMENTO

Introdução

Este capítulo descreve e classifica as disfunções miccionais que podem ocorrer, em conjunto ou não, com a enurese noturna durante a infância, bem como fornece informações sobre a sua avaliação e tratamento.

A aquisição do controle miccional durante a infância é resultado de um processo complexo e multifatorial que envolve aspectos anatômicos, neurológicos, culturais e emocionais.

Estima-se que, aos 5 anos aproximadamente, 85% das crianças já tenham controle miccional completo, restando 15% delas com perdas urinárias, sendo a enurese noturna a situação mais frequente. Aproximadamente 10 a 28 % das crianças com enurese noturna têm sintomas miccionais diurnos associados, e, quando apresentam estes sintomas durante o dia, não devem ser classificadas como portadoras de enurese noturna, e sim como crianças com disfunção do trato urinário inferior (Nevéus et al., 1999; Bower et al., 1996).

> As disfunções miccionais, quando não tratadas, podem colocar em risco o trato urinário superior das crianças.

Do exposto acima, torna-se claro que as disfunções miccionais na infância podem ocorrer em associação com a enurese ou isoladamente, fato que se reveste de extrema importância se considerarmos que a enurese noturna monossintomática é uma situação geralmente benigna e muitas vezes autolimitada, enquanto algumas disfunções miccionais podem colocar em risco o trato urinário superior dessas crianças.

Na fase de transição de uma bexiga infantil para a adulta, a descoordenação detrusor-esfincteriana pode ser um fenômeno normal e transitório que desaparece após o treinamento do toalete entre o primeiro e o segundo ano de vida. A evolução natural do controle da micção envolve o aumento gradual da capacidade vesical funcional, maturação detrusor-esfincteriana, coordenação e desenvolvimento progressivo do controle voluntário sobre o complexo bexiga-esfíncter-períneo (Koff, 1997).

A denominação disfunção do trato urinário inferior (DTUI) corresponde a uma alteração da função vésico-uretral em crianças neurologicamente normais e comumente está associada à constipação (Nevéus et al., 2006). É uma entidade clínica que se reveste de grande importância por atualmente ser reconhecida como a maior causa de infecções urinárias em crianças e por ser um fator de risco para lesão renal e hipertensão arterial. Além disso, afeta diretamente a qualidade de vida da criança por ser uma situação estressante e ter grande impacto psicológico nesta população.

Classificação

O trato urinário inferior tem como funções básicas o armazenamento e o esvaziamento da urina. Os distúrbios do trato urinário inferior podem ser divididos de forma didática em 3 tipos:

1. distúrbio de armazenamento, que inclui a urge-síndrome ou urge-incontinência caracterizada por contrações não inibidas da bexiga, diminuição da capacidade ou hipersensibilidade vesical.
2. distúrbio de esvaziamento, que inclui a disfunção miccional, caracterizada por uma obstrução funcional do fluxo urinário, decorrente de uma falha de relaxamento ou mesmo uma contração do esfíncter externo da uretra no momento da micção, o que gera um fluxo (jato urinário) fraco, intermitente que, muitas vezes, resulta em resíduo pós-miccional elevado.
3. síndrome da bexiga preguiçosa (*lazy bladder syndromme*) é caracterizada por no máximo três micções diárias, hipotonia vesical e grande resíduo pós-miccional. Ainda não se sabe se a bexiga preguiçosa representa uma fase terminal da disfunção miccional, em que haveria uma falência do detrusor por conta de excessivo trabalho muscular resultante da prolongada elevação da pressão vesical durante a micção, ou se representa um tipo diferente de disfunção.

Portanto, as crianças com DTUI que não conseguem relaxar o esfíncter externo e apresentam um distúrbio do esvaziamento vesical em decorrência de uma micção descoordenada são definidas como portadoras de disfunção miccional (Nevéus et al., 2006).

Etiologia

As disfunções miccionais são muitas vezes ignoradas por familiares e cuidadores, além de terem sua identificação e caracterização feitas de forma imprecisa pelos profissionais da saúde, o que dificulta a avaliação epidemiológica da patologia.

A disfunção detrusor-esfíncteriana em crianças é provavelmente muito mais comum do que se imagina, porém, muitas vezes, ela só é descoberta quando infecções urinárias, refluxo vesico-ureteral ou incontinência urinária se manifestam. Tem sido relatado que aproximadamente 15% das crianças aos 6 anos de idade sofrem desta condição (Hoebeke, 2002).

Outros estudos com crianças que relatam molhar as roupas revelam que 4,2 a 32% delas apresentam disfunções miccionais (Von Gontard, 1995; Hoebeke et al., 2001). Inicialmente pensava-se, que problemas emocionais e psicossociais ou atraso de maturação teriam um papel na etiologia das disfunções miccionais. No entanto, é provável que a etiologia seja multifatorial, podendo incluir comportamento aprendido, perpetuação de padrões infantis de micção, atraso de maturação neurológica ou, menos provavelmente, fatores genéticos ou congênitos (Van Gool et al., 2001).

Deve-se levar em consideração também a relação existente entre o trato urinário e o intestinal. Disfunções intestinais podem acabar afetando o padrão miccional e dificultando a avaliação e gestão das disfunções miccionais (Koff et al., 1998). Os tratos geniturinário e gastrointestinal são interdependentes e compartilham a mesma origem embriológica, localização pélvica, aspectos da inervação e passagem através da musculatura elevadora do ânus. Comumente a retenção de fezes com ou sem incontinência fecal coexiste com disfunções miccionais, como resultado do não relaxamento da musculatura do assoalho pélvico (Ab et al., 2002).

Apesar de cada vez mais se conhecer a fisiologia do trato urinário inferior, ainda faltam bons modelos experimentais para o estudo da fisiopatologia de sua disfunção. Portanto, as teorias que tentam explicar a gênese das disfunções miccionais são em grande parte intuitivas e carecem de melhor base científica.

Quadro clínico

A maioria das crianças com disfunção da bexiga e/ou esfíncter se apresentam com sintomas de incontinência diurna, noturna ou ambos. Ocasionalmente a disfunção pode ser reconhecida mais cedo quando a criança é investigada por apresentar infecções urinárias ou refluxo vesicouretral. Em todas as situações, é importante obter uma história detalhada da criança e de seus cuidadores. Isso deve incluir questões relevantes para excluir anormalidades neurológicas e congênitas. Disfunção intestinal pode coexistir na forma de encoprese, constipação e impactação fecal e deve ser observada durante a anamnese. A história urinária deve pesquisar sintomas relacionados ao armazenamento e esvaziamento urinário através do diário miccional. Um diário miccional é usado para registrar a ingestão diária de líquidos, número de micções, intervalo entre as micções e volume urinado, principalmente em ambiente domiciliar e em condições normais. Quando devidamente preenchido, ele pode ser informativo e nos dar pistas sobre a disfunção do trato urinário inferior.

> O quadro clínico das disfunções miccionais pode envolver aspectos anatômicos, fisiológicos e psicológicos.

A infecção do trato urinário frequentemente é o motivo principal que leva os pais a procurarem ajuda médica para essas crianças. Estas infecções são geralmente secundárias à micção descoordenada e à presença de resíduo pós-miccional. Outros sintomas como aumento da frequência miccional (polaciúria), incontinência de urgência e incontinência por transbordamento são frequentemente relatados. A ocorrência desses últimos sintomas deve sempre se dar na ausência de infecção urinária.

O padrão de esvaziamento vesical varia desde o normal, em que há mínimo ou nenhum dano ao trato urinário superior, até um esvaziamento incompleto por uma bexiga hipoativa/hiperativa e um esfíncter não relaxado, em que se alcançam elevadas pressões intravesicais. Este aumento da pressão vesical nas micções pode resultar no aparecimento de refluxo vesicoureteral, predispondo essas crianças a infecções urinárias de repetição com potencial para dano renal (Wennergren et al., 1991)

A obstipação intestinal deve ser rotineiramente pesquisada nessas crianças, sendo bem conhecida a associação entre distúrbio na função intestinal e sua influência no funcionamento do trato urinário inferior. Em 1998, Koff e colaboradores descreveram o que chamaram de distúrbio de eliminação (*dysfunctional elimination syndrome*), em que há associação entre a disfunção de esvaziamento urinário e fecal (Koff et al., 1998; Ab et al., 2002).

Não raramente, e principalmente nos casos mais graves, observa-se associação das disfunções miccionais com problemas psicológicos e conflitos familiares. Por isso é necessário um questionamento sobre os padrões de convívio familiar dessas crianças. Os pais tendem a ser intolerantes diante da incapacidade das crianças de controlar os sintomas miccionais, especialmente quando se trata da incontinência urinária. Divórcio e alcoolismo exacerbam a situação de conflito familiar, podendo dificultar o manejo dessas crianças. Esses pacientes, quando apresentam perdas urinárias, são frequentemente punidos verbal e fisicamente, e disso pode advir baixa autoestima e até depressão. Tal situação é grave, porque a criança não sabe como impedir a incontinência, o que torna o medo da punição inevitável.

Exame físico

Por definição, as crianças diagnosticadas como portadoras de disfunção miccional não devem apresentar lesões neurológicas como causadoras da alteração miccional, mas um exame cuidadoso é necessário para excluir aquelas que podem requerer uma avaliação neurológica adicional. Anormalidades da coluna lombar devem ser pesquisadas especificamente com objetivo de excluir a possibilidade de um disrafismo espinhal oculto. Lesões como uma prega glútea assimétrica, tufos de pelos, malformação dermovascular ou anormalidade lipomatosa da região sacral devem levar a avaliação por imagem adicional. O desenvolvimento motor, cognitivo, reflexos e sensibilidade, principalmente na região perineal e membros inferiores dessas crianças, devem ser avaliados.

A genitália externa deve ser examinada para excluir problemas anatômicos que podem explicar os sintomas urinários em questão.

Em crianças que apresentam resíduo pós-miccional significativo, pode-se encontrar o globo vesical palpável com certa frequência. Em situações especiais, o exame retal pode ser realizado e revelar impactação fecal ou reto distendido em crianças com constipação crônica

Diagnóstico

Quando se suspeita da presença da disfunção miccional, é importante obter uma história detalhada dos cuidadores e pacientes, quando possível. Isso deve incluir questões relevantes para excluir anormalidades neurológicas e congênitas. Disfunção intestinal pode coexistir na forma de encoprese, constipação e impactação fecal e deve ser observada durante a anamnese. A história urinária deve pesquisar sintomas relacionados ao armazenamento e esvaziamento da bexiga através do diário miccional. Um diário miccional é usado para registrar ingestão diária de líquidos e saída de urina, em casa, em condições normais. Quando devidamente preenchido, ele pode ser informativo e nos dar pistas sobre a presença de disfunção do trato urinário inferior.

O manejo das disfunções miccionais requer também avaliação do fluxo urinário (urofluxometria), de preferência acompanhado de eletromiografia (EMG) dos músculos do períneo sempre que disponível. Uma curva urofluxométrica única anormal não é suficiente para firmar o diagnóstico da patologia, pois situações como estresse, tensão ou enchimento vesical exagerado podem gerar falsas curvas fluxométricas patológicas. No entanto, uma curva de fluxo normal dá mais confiança de que a criança não tem disfunção miccional. Portanto, recomenda-se que, para confirmar disfunções miccionais, a fluxometria deve ser repetida até 3 vezes no mesmo ambiente, com a criança bem hidratada para garantir um volume razoável de urina, sem pressões psicológicas no momento do exame. O padrão típico para urofluxometria nas disfunções miccionais é um *staccato* ou fluxo intermitente com fluxo máximo reduzido e tempo de fluxo prolongado. Vale ressaltar que recomendações sobre protocolos da ICCS (International Children's Continence Society) referentes à urofluxometria em crianças não são baseadas em evidências e foram determinadas por consenso entre especialistas e clínicos experientes (Nevéus et al., 2006).

Quando usada em associação ao exame do fluxo urinário, a EMG pode mostrar a atividade muscular perineal contínua ou intermitente durante o ato miccional, refletindo o funcionamento dos músculos superficiais do períneo e indicando atividade do elevador do ânus e do esfíncter uretral externo. Em crianças normais, estes músculos estão em repouso durante a micção e, portanto, não devem apresentar registro de atividade eletromiográfica.

Além da avaliação urofluxométrica, a ultrassonografia é de grande importância para detectar alterações na bexiga, tais como, parede vesical espessada, divertículos, dilatações do trato urinário superior, e mensurar a presença ou não de resíduo pós-miccional. O ultrassom pode ainda revelar impactação retal de fezes em crianças obstipadas, podendo caracterizar a síndrome disfuncional de eliminação. A tendência atual é afastar-se de estudos invasivos, tais como a uretrocistografia miccional e o estudo urodinâmico completo, que são reservados para casos graves em que ainda haja dúvida diagnóstica, ou na presença de evolução desfavorável na vigência de tratamento adequado.

Tratamento

O tratamento das disfunções miccionais é baseado em medidas comportamentais, em *biofeedback* voltado para o treinamento da musculatura perineal e em medicamentosas em casos selecionados.

Inicialmente devemos ensinar as crianças a esvaziar de forma descontraída a bexiga no momento das micções. Para isso, atenção especial deve ser dada à postura correta no vaso sanitário. A criança precisa ser capaz de se sentar no vaso sanitário de forma segura, apoiando as nádegas e os pés confortavelmente para permitir uma postura que não ative os músculos abdominais, o que resultaria em ativação simultânea da musculatura do assoalho pélvico (Wennergren et al., 1991). Garantir a postura correta e ensinar o relaxamento das musculaturas abdominal, e consequentemente pélvica, durante a micção, é o objetivo dos profissionais treinados em reeducação miccional, podendo levar a padrões coordenados de esvaziamento vesical. Esta tomada de consciência em relação ao assoalho pélvico é conseguida através do *biofeedbak* de eletromiografia, que se baseia na visualização da leitura da atividade elétrica muscular perineal no monitor de um computador durante a micção. Esta leitura é feita por eletrodos de superfície colocados na região perineal. Desta forma, treina-se principalmente o relaxamento da musculatura do assoalho pélvico (Neumann e Gill, 2002; Sapsford e Hodges, 2001; Sapsford et al., 2001). O objetivo deste tratamento é corrigir a descoordenação vésico-perineal durante a micção, o que resultará em micção coordenada com redução do resídio pós-miccional.

Outras medidas adicionais incluem orientar hidratação diária, evitar postergar as micções e, quando necessário, instituir até micções de horário (a cada 3 horas, por exemplo) para crianças com baixa frequência miccional.

Os resultados do tratamento devem ser monitorados com urofluxometria e medição de resíduo pós-miccional, avaliando-se a melhora clínica nas crianças que se apresentavam com polaciúria, enurese, incontinência diurna e infecções urinárias de repetição. Em uma minoria de pacientes que apresentam bexiga hipotônica e que mantêm elevado resíduo pós-miccional, apesar das medidas terapêuticas já descritas, cateterismo intermitente limpo pode ser necessário.

O tratamento medicamentoso com uso de α-bloqueadores em crianças com disfunção do trato urinário inferior é atualmente *off-label*, apesar de seu uso ser antigo e bastante frequente nas disfunções miccionais. Existem vários relatos da terapia com α-bloqueador seletivo na população pediátrica com objetivo de promover o relaxamento da musculatura do colo vesical e favorecer o esvaziamento da bexiga (Austin et al., 1999; Cain et al., 2003; Donohoe et al., 2005; Kramer et al., 2005; Yang et al., 2003; Yucel et al., 2005). Esses trabalhos mostram resultados encorajadores e sugerem que α-bloqueadores podem facilitar o esvaziamento vesical em crianças com disfunções miccionais. No entanto, as limitações desses estudos incluem não randomização, doses não padronizadas, pequeno tamanho das amostras e a falta de um escore de sintomas validados para analisarmos os resultados.

Outra abordagem farmacológica para facilitar o esvaziamento da bexiga é o uso da toxina botulínica-A (Botox®),que também tem seu uso *off label*. O Botox inibe a liberação de acetilcolina na junção neuromuscular pré-sináptica, o que resulta em paralisia muscular flácida. Injeções de Botox têm sido clinicamente usadas com segurança para o tratamento da distonia focal, espasmos musculares e espasticidade. O Botox foi posteriormente aplicado nas DTUI, e há vários relatos da toxina botulínica para tratar crianças com dissinergia detrusor-esfincteriana refratárias às modificações comportamentais, *biofeedback*, α-bloqueadores e correção da obstipação (Franco et al., 2007; Petronijevic et al., 2007; Radojicic et al., 2006).

Atualmente não existe aprovação para estas terapias farmacológicas nas disfunções miccionais em crianças, e, portanto, agentes tais como α-bloqueadores e Botox podem ser considerados como alternativas quando os outros tratamentos convencionais falham, e sempre após ciência e anuência dos pais.

É importante também identificar e tratar a obstipação intestinal estimulando o aumento da ingesta hídrica e de fibras naturais na dieta. Quando estas medidas não surtem efeito, podemos associar fibras artificiais para serem administradas diariamente para estes pacientes. Comumente retenção de fezes com ou sem incontinência fecal coexiste com disfunções miccionais como resultado do não relaxamento da musculatura do assoalho pélvico (Ab et al., 2002). O não reconhecimento desta associação acaba afetando a avaliação e o tratamento das disfuncões miccionais (Loening-Baucke, 1997). Tem sido demonstrado que em crianças com resíduo pós-miccional elevado, associado à prisão de ventre, 66% tiveram melhora no esvaziamento vesical após o tratamento da constipação apenas (Dohil et al., 1994). Em outro estudo, o tratamento da constipação nessa população pediátrica resultou em melhora nas perdas urinárias diurnas e noturnas, bem como ajudou na prevenção de infecções do trato urinário (Loening-Baucke, 1997).

Comorbidades psiquiátricas ou comportamentais devem ser abordadas simultaneamente em serviços adequados, que devem ser oferecidos à criança e sua família.

Conclusão

Apesar de pesquisas clínicas e experimentais extensivas, talvez seja embaraçoso admitir que os mecanismos neurológicos exatos no controle da micção de recém-nascidos e crianças, bem como os caminhos fisiopatológicos que estão envolvidos em vários tipos de disfunções miccionais, geram ainda muitas incertezas.

Torna-se evidente que crianças com queixas miccionais, especialmente aquelas com quadros mais pronunciados e associados a infecções urinárias de repetição, devem ser avaliadas com atenção e cuidado no sentido de se identificar situações que possam trazer risco à integridade renal destes pacientes.

É importante ressaltar que algumas malformações neurológicas medulares podem ocorrer de forma "oculta", sem que se observem alterações motoras ou sensitivas muito significativas no nascimento.

Essas crianças, muitas vezes, apresentam apenas sintomas miccionais, e o diagnóstico de uma condição neurológica subjacente dependerá de atenção dos profissionais de saúde.

O sucesso no tratamento dessas crianças depende de uma abordagem multiprofissional que envolva pessoal treinado e motivado na condução desses pequenos pacientes.

Pontos para lembrar

- As disfunções miccionais na infância envolvem aspectos multifatoriais, sendo indicada a avaliação e tratamento multidisciplinar.
- A avaliação envolve preferencialmente anamnese, exame físico, urofluxometria com EMG e ultrassonografia.
- O tratamento pode envolver desde medidas comportamentais até tratamentos experimentais com a toxina botulínica.

Perguntas de revisão

1. A Síndrome Disfuncional de Eliminação é caracterizada por:
    a) disfunção miccional e obstipação.
    b) disfunção do trato urinário inferior e encoprese.
    c) obstipação e infecção urinária.

2. O diagnóstico da disfunção miccional é baseado no diário miccional e complementado por:
    a) estudo urodinâmico completo e ultrassonografia de vias urinárias.
    b) eletromiografia perineal e tomografia do abdome.
    c) urofluxometria e eletromiografia perineal.

3. Na presença de enurese noturna associada à disfunção miccional na criança, a melhor abordagem terapêutica inicialmente é:
   a) tratar a enurese preferencialmente com alarme e reavaliar a disfunção miccional *a posteriori*.
   b) tratar a disfunção miccional inicialmente e após reavaliar a enurese.
   c) iniciar o tratamento da enurese e da disfunção miccional conjuntamente.

Respostas: 1.a 2.c 3.b

Referências

Ab, E., Schoenmaker, M., & van Empelen, R. (2002). Paradoxical movement of the pelvic floor in dysfunctional voiding and the results of biofeedback training. *British Journal of Urology International, 89*(suppl. 2), 1-13.

Austin PF, Homsy YL, Masel JL, Cain MP, Casale AJ, Rink RC. (1999). Alpha-adrenergic blockade in children with neuropathic and nonneuropathic voiding dysfunction. *The Journal of Urology, 162*(3 Pt 2), 1064-1067.

Bower, W. F., Moore, K. H., Shepherd, R. B., & Adams, R. D. (1996). The epidemiology of childhood enuresis in Australia. *British Journal of Urology, 78*(4), 602-606.

Cain, M. P., Wu, S. D., Austin, P. F., Herndon, C. D., & Rink, R. C. (2003). Alpha blocker therapy for children with dysfunctional voiding and urinary retention. *The Journal of Urology, 170*(4 Pt 2), 1514-1517.

Dohil, R., Roberts, E., Jones, K. V., & Jenkins, H. R. (1994). Constipation and reversible urinary tract abnormalities. *Archives of Disease in Childhood, 70*(1), 56-57.

Donohoe, J. M., Combs, A. J., & Glassberg, K. I. (2005). Primary bladder neck dysfunction in children and adolescents II: Results of treatment with alpha-adrenergic antagonists. *The Journal of Urology, 173*(1), 212-216.

Franco, I., Landau-Dyer, L., Isom-Batz, G., Collett, T., & Reda, E. F. (2007). The use of botulinum toxin A injection for the management of external sphincter dyssynergia in neurologically normal children. *The Journal of Urology, 178*(4 Pt 2), 1775-1779.

Hoebeke, P. (2002). Voiding dysfunction, recurrent UTI, constipation and vesico-ureteric reflux: A common disease complex. *Dialogues in Pediatric Urology, 25*(8), 1-8.

Hoebeke, P., Van Laecke, E., Van Camp, C., Raes, A., Van De Walle, J. (2001). One thousand video-urodynamic studies in children with non-neurogenic bladder sphincter dysfunction. *British Journal of Urology International, 87*(6), 575-580.

Koff, S. A. (1997). Non-neuropathic vesicourethral dysfunction in children. In B. O'Donnell, *Pediatric urology* (pp. 217-228). Oxford: Oxford University.

Koff, S. A., Wagner, T. T., & Jayanthi, V. R. (1998). The relationship among dysfunctional elimination syndromes, primary vesicoureteral reflux and urinary tract infections in children. *The Journal of Urology, 160*(3 Pt 2),1019-1022.

Kramer, S. A., Rathbun, S. R., Elkins, D., Karnes, R. J., & Husmann, D. A. (2005). Double-blind placebo controlled study of alpha-adrenergic receptor antagonists (doxazosin) for treatment of voiding dysfunction in the pediatric population. *The Journal of Urology, 173*(6), 2121-2124.

Loening-Baucke, V. (1997). Urinary incontinence and urinary tract infection and their resolution with treatment of chronic constipation of childhood. *Pediatrics, 100*(2), 228-232.

Neumann, P., & Gill, V. (2002). Pelvic floor and abdominal muscle interaction: EMG activity and intra-abdominal pressure. *International Urogynecology Journal and Pelvic Floor Dysfunctin, 13*(2), 125-132.

Nevéus, T., Hetta, J., Cnattingius, S., Tuvemo, T., Läckgren, G., Olsson, U., & Stenberg, A. (1999). Depth of sleep and sleep habits among enuretic and incontinent children. *Acta Paediatrica, 88*(7), 748-752.

Nevéus, T., Von Gontard, A., Hoebeke, P., Hjälmås, K., Bauer, S., Bower, W., et al. (2006). The standardization of terminology of lower urinary tract function in children and adolescents: Report from the Standardization Committee of the International Children's Continence Society. *The Journal of Urology, 176*(1), 314-324.

Petronijevic, V., Lazovic, M., Vlajkovic, M., Slavkovic, A., Golubovic, E., & Miljkovic, P. (2007). Botulinum toxin type A in combination with standard urotherapy for children with dysfunctional voiding. *The Journal of Urology, 178*(6), 2599-2602.

Radojicic, Z. I., Perovic, S. V., & Milic, N. M. (2006). Is it reasonable to treat refractory voiding dysfunction in children with botulinum-A toxin? *The Journal of Urology, 176*(1), 332-336.

Sapsford, R. R., & Hodges, P. W. (2001). Contraction of the pelvic floor muscles during abdominal maneuvers. *Archives of Physical Medicine and Rehabilitation, 82*(8), 1081-1088.

Sapsford, R. R., Hodges, P. W., Richardson, C. A., Cooper, D. H., Markwell, S. J., & Jull, G. A. (2001). Co-activation of the abdominal and pelvic floor muscles during voluntary exercises. *Neurourology ang Urodynamics, 20*(1), 31-42.

van Gool, J. D., Kuitjen, R. H., Donckerwolcke, R. A., Messer, A. P., & Vijverberg, M. (1984). Bladder-sphincter dysfunction, urinary infection and vesico-ureteral reflux with special reference to cognitive bladder training. *Contributions to Nephrology, 39*, 190-210.

Von Gontard, A. (1995). *Enuresis im Kindesalter: Psychiatrische, somatische and molekulargenetische Zummenhänge* (Professorial thesis). University of Cologne, Köln.

Wennergren, H. M., Oberg, B. E., & Sandstedt, P. (1991). The importance of leg support for relaxation of the pelvic floor muscles. A surface electromyograph study in healthy girls. *Scandinavian Journal of Urology and Nephrology, 25*(3), 205-213.

Yang, S. S., Wang, C. C., & Chen, Y. T. (2003). Effectiveness of alpha1-adrenergic blockers in boys with low urinary flow rate and urinary incontinence. *Journal of Formosan Medical Association, 102*(8), 551-555.

Yucel, S., Akkaya, E., Guntekin, E., Kukul, E., Akman, S., Melikoglu, M., & Baykara, M. (2005). Can alpha-blocker therapy be an alternative to biofeedback for dysfunctional voiding and urinary retention? A prospective study. *The Journal of Urology, 174*(4 Pt 2), 1612-1615.

3
Etiologia da enurese e seu impacto no diagnóstico

RAFAELA ALMEIDA FERRARI
SIMONE NASCIMENTO FAGUNDES

Introdução

Este capítulo apresenta aos leitores uma maior clareza quanto à hereditariedade e fisiopatologia dos pacientes para maior objetividade do uso e manuseio da terapêutica. Os estudos de famílias com enurese noturna apontam claramente para a predominância de fatores genéticos em sua etiologia.

Por meio da compreensão dos fatores causais, podemos elaborar uma melhor terapêutica global para cada paciente.

A enurese é a perda involuntária de urina em crianças com idade superior a 5 anos, com padrão miccional normal. A forma mais comum de enurese é a enurese noturna monossintomática (ENM), ou seja, aquela na qual a enurese noturna (EN) não se acompanha de sinais e sintomas de bexiga instável. A EN pode configurar tanto uma doença quanto um sintoma e, como tal, pode estar associada a sintomas diurnos.

> A EN pode configurar tanto uma doença quanto um sintoma e, como tal, pode estar associada a sintomas diurnos.

A EN é um dos problemas mais comuns na infância, afetando aproximadamente 10% das crianças de 7 anos de idade, e 1 a 2% dos adolescentes, com uma taxa de cura espontânea de 10 a 15% ao ano (Ramírez-Backhaus et al., 2009; Nevéus et al., 2010).

Várias etiologias têm sido propostas para a EN, mas o reconhecimento da heterogeneidade de apresentações clínicas sugere influência multifatorial. Dentre estes, podemos citar o atraso do desenvolvimento neuropsicomotor, os aspectos genéticos, os fatores psicológicos e a teoria dos três sistemas.

Atraso no desenvolvimento e na maturação do SNC

As crianças de uma forma geral desenvolvem maturidade do controle esfincteriano diurno entre os 24 e os 48 meses de vida, sendo que, aos 5 anos de idade, 85% delas já apresentam controle esfincteriano noturno, e apenas 1% ainda apresenta perdas diurnas. Koff (1995) sugere que a EN seja o resultado de um atraso na maturação dos mecanismos aferentes e eferentes de regulação do sistema nervoso central à plenitude vesical ou à contração da bexiga durante o sono, caracterizada por uma diminuição ou ausência da resposta eletroencefalográfica a essa situação, configurando falha no mecanismo do acordar. O mecanismo eferente seria aquele relacionado à ausência de supressão do arco reflexo da micção durante o sono. A perda urinária ocorre pela falta de supressão à contração vesical acompanhada do defeito no mecanismo do despertar.

> A EN pode ser o resultado de um atraso na maturação dos mecanismos aferentes e eferentes de regulação do sistema nervoso central à plenitude vesical ou à contração da bexiga durante o sono.

Os fatores mais associados a esta aquisição tardia do controle central sobre o funcionamento vesical seriam: baixo peso ao nascer, baixa estatura, atraso no desenvolvimento motor e da coordenação motora fina, atraso na fala e no desenvolvimento da linguagem e deficiência na percepção espacial e visual-motora (Koff, 1995; Baeyens et al., 2007).

Genética

Os aspectos genéticos da enurese têm sido estudados desde a década de 1930, e, a partir de 1995, têm surgido estudos de genética molecular sobre o tema. A heterogeneidade dos achados e o provável efeito do ambiente podem explicar, pelo menos parcialmente, a diversidade de apresentações da ENM (Ramírez-Backhaus et al., 2009; Von Gontard et al., 2001; Super e Postlethwaite, 1997).

Estudos familiares

Estudos epidemiológicos da década de 1970 demonstraram um aumento de incidência de crianças com enurese filhas de pais com antecedentes pessoais de enurese. Essa informação não permite diferenciação entre fatores genéticos e ambientais.

Os estudos familiares em EN encontram dificuldades porque a maioria dos adultos já apresentou remissão espontânea ou terapêutica da EN e eventualmente prefere evitar depoimentos sobre o assunto, pois esta ainda é uma condição estigmatizada em muitos países. Assim, o fenótipo familiar da EN pode apresentar vieses que influenciem a confiabilidade dos dados. Do ponto de vista prático, a EN é uma condição que frequentemente afeta vários membros de uma família. Dentro da mesma família, o fenótipo pode mostrar formas diversas de perdas urinárias, ou seja, EN primária e EN secundária, com ou sem perdas diurnas, podem coexistir numa mesma família. Uma pessoa acometida pode ser afetada por duas diferentes condições, tais como incontinência diurna, urgência e EN, simultânea ou isoladamente, em momentos diferentes durante seu desenvolvimento.

Verificou-se uma frequência de enurese de 77%, 43% e 15%, respectivamente, em indivíduos com ambos os pais portadores de enurese, enurese em um dos genitores ou em nenhum progenitor. Outros estudos sugeriram uma associação entre a história familiar de enurese e a idade na qual a criança atinge o controle da bexiga, sendo que o controle vesical atrasaria em torno de 1,5 anos nas crianças de famílias com dois parentes de primeiro grau acometidos (Von Gontard et al., 2001).

> A EN é uma condição que frequentemente afeta vários membros de uma família.

Estudos com gêmeos

A chance de acometimento simultâneo entre gêmeos monozigóticos (MZ) é de 70% contra 31% em gêmeos dizigóticos (DZ) de sexo masculino, 65% e 44% no sexo feminino, respectivamente, comprovando-se a etiologia genética da EN, com provável modulação por fatores ambientais (Von Gontard et al., 2001).

Modo de herança

O modo de herança autossômica dominante com alta penetrância é o achado mais comum, seguido por herança autossômica dominante com baixa penetrância e herança autossômica recessiva. Um terço dos casos parece ser esporádico eventualmente devido à influência ambiental. Não existe uma associação clara entre o modo de herança e qualquer fenótipo específico (Von Gontard et al., 2001; Petrovskij, 1934; Frary, 1935; Oransky, 1928; Eiberg et al., 1995).

Estudos farmacogenéticos com foco na hereditariedade da resposta à desmopressina têm demonstrado resultados contraditórios.

Estudo molecular

Como uma herança autossômica dominante pode ser assumida em muitas famílias com enurese noturna, tentou-se identificar por estudos moleculares um cromossomo, uma região cromossômica ou até mesmo um *locus* genético ligado à EN utilizando análises de ligação. Análises de ligação determinam a posição relativa entre os marcadores de DNA conhecidos (marcadores microssatélites) e o *locus* do gene defeituoso. O DNA desses marcadores é amplificado por PCR e pode ser visualizado por meio de vários métodos em um padrão típico de bandas (polimorfismos). Quanto mais próximo o marcador é do *locus* do gene da doença, com maior frequência o marcador e o gene da doença são herdados em conjunto. A chance de herança de uma doença com esses marcadores de DNA é calculada em complexos modelos matemáticos e expressa em unidades de logaritmo de chance chamados "lod-score". Um "lod-score" acima de 3 é considerado significativo, ou seja, a probabilidade de que o gene da doença seja localizado no intervalo cromossômico entre marcadores de acompanhamento é 1000:1. A ligação é considerada excluída com um "lod-score" abaixo de 2,35. Desde 1995, estudos de ligação definiram diferentes *loci* ou intervalos de cromossomo associados com EN em quatro cromossomos. Este fenômeno é conhecido como heterogeneidade de *locus*, o que significa que os genes em cromossomos diferentes podem levar à mesma manifestação clínica (Inan et al., 2008).

Todos os *loci* foram identificados em grandes estudos familiares, e incluem cromossomos 8, 13, 22 e 12. O intervalo 13q13-q14.3 recebe o nome de ENUR1 e foi associado à presença de enurese noturna de padrão autossômico dominante de penetrância elevada (>90%). O cromossomo 12q foi denominado ENUR2, nas famílias nas quais a enurese foi relacionada a esta região também apresentam herança de padrão dominante, aparentemente sem predominância de acometidos do sexo masculino.

Associação clara entre achados moleculares e qualquer fenótipo específico de ENM não foi confirmada. Dentre os genes candidatos cuja associação com EN já foi afastada, podemos citar: gene arginina vasopressina no cromossomo 20p13.24, gene GUCY1B2 (subunidade β 2 de guanil ciclase humana), localizado no cromossomo 13, exons do GNAZ (Proteina G polipeptide α-z), no cromossomo 22 e gene codificador da enzima de degradação do TRH no braço longo do cromossomo 12 (Von Gontard, 2001; Yeung, 1997; Hansakunachai et al., 2005).

Diferentes mecanismos podem modificar a relação genótipo-fenótipo. Na EN aparentemente múltiplos *loci* de genes podem controlar os fenótipos da doença (heterogeneidade de *locus*). Por outro lado, mutações idênticas podem levar a diferentes fenótipos. Este resultado pode explicar a coexistência de diferentes formas de enurese na mesma família. Como o fenótipo clínico da enurese é suscetível a grandes influências ambientais, o estudo da interação do genótipo-fenótipo requer uma avaliação detalhada dos subtipos de fenótipos, e a identificação de um fenótipo intermediário ou traço mais próximo do genótipo, como traços bioquímicos ou neurofisiológicos (Schaumburg, 2008).

> Estudos de ligação definiram diferentes *loci* ou intervalos de cromossomo associados com EN em quatro cromossomos.

Fatores psicológicos e a teoria dos três sistemas

Vários fatores de estresse psicológico têm sido associados à EN, incluindo baixo nível socioeconômico, desemprego, famílias numerosas, separação dos pais, troca de escola, nascimento de irmãos, entre outros. Esses fatores, quando incidentes no período de aquisição do controle esfincteriano, poderiam interferir na maturação da regulação central sobre o funcionamento vesical.

A enurese noturna na infância tem sido tradicionalmente considerada como um problema multifatorial, com uma variedade de propostas de intervenções terapêuticas. Buttler e Holland (2000) propõem um modelo empírico, conhecido como teoria dos 3 sistemas, baseado na noção de que a EN surge em decorrência do mau funcionamento de um ou mais dos seguintes três sistemas – a falta de liberação de vasopressina durante o sono; instabilidade da bexiga e/ou uma incapacidade de despertar do sono para a sensação da bexiga cheia.

> Mau funcionamento de um ou mais dos seguintes três sistemas ocorre por:
> - falta de liberação de vasopressina durante o sono
> - instabilidade da bexiga
> - incapacidade de despertar do sono para a sensação da bexiga cheia

Os autores propõem que a análise de cada caso de acordo com a avaliação de cada um dos sistemas facilitaria a escolha da abordagem terapêutica mais eficiente (Buttler e Holland, 2000; Buttler, 2004).

Dificuldade no despertar

Os pacientes com EN podem ser divididos em dois subgrupos de acordo com o volume urinário noturno, ou seja, pacientes com poliúria noturna e com capacidade funcional vesical pequena (Djurhuus e Rittig, 1998). Em ambos os casos, a EN só irá se manifestar se não ocorrer a superficialização do sono e o despertar antes do início da micção (Nevéus et al., 1999). De acordo com a classificação internacional dos distúrbios do sono (ICSD-2), parassonias são "eventos físicos ou experiências indesejáveis que ocorrem durante o início, o próprio sono, ou durante seus eventuais despertares" e a EN está incluída nesse grupo.

Outro aspecto interessante é a conhecida relação entre enurese noturna primária e o ronco habitual (Alexopoulos et al., 2006). Eventos respiratórios obstrutivos se associam com oscilações de pressão intratorácica negativa e pressão abdominal positiva. Elevações da pressão abdominal afetam diretamente a função da bexiga por compressão abdominal, enquanto a negativação da pressão intratorácica promove distensão atrial e resulta em secreção aumentada de peptídeo natriurético atrial, com aumento da excreção urinária de sódio, o que contribui para a enurese. Em consonância, há melhora das perdas urinárias após adenoamigdalectomia em crianças enuréticas com doença obstrutiva do sono associada a aumento do volume de amígdalas/adenoides (Firoozi et al., 2006). O tratamento da apneia obstrutiva do sono reduz os níveis de peptídeo natriurético atrial com melhora significativa da enurese (Weider, 1991).

Estudos de polissonografia têm demonstrado que as crianças com EN apresentam maior número de ciclos de sono e despertar, o que leva a um sono mais fragmentado e, consequentemente, a um estado de privação de sono com aumento no limiar de despertar. Este achado pode explicar a dificuldade da resposta de despertar ao enchimento vesical. Cohen-Zrubavel e colaboradores (2011), analisando actigrafia de 32 crianças com enurese noturna, demonstraram que 50% dos despertares estavam associados ao evento de enurese. Um pequeno estudo mostrou que cerca de 50% de todas as crianças com EN apresentavam episódio de taquicardia, sugerindo um despertar autonômico, antes do evento de micção (Bader et al., 2002). Bader e colaboradores (2002), comparando a polissonografia de crianças com e sem enurese, concluiu que crianças com enurese apresentavam polissonografia de características normais, mas ficavam mais tempo na cama e apresentavam um aumento do número dos ciclos de sono. A EN ocorreu em estágios de sono 2 e 3, bem como no sono REM (*Rapid Eyes Movement*). Nesse estudo, os episódios de enurese predominaram na primeira metade da noite (Bader et al., 2002). Nevéus (2008) sugere que as crianças com EN são mais difíceis de acordar, apesar de não haver diferenças nos estudos polissonográficos por conta de um aumento no limiar de despertar para preservar a integridade do sono.

Resumindo, sugere-se que a dificuldade da criança com enurese para acordar possa estar relacionada à ocorrência dos episódios de perda urinária durante o sono de ondas lentas, quando o limiar para despertar é mais alto. Nesta fase do sono, a tentativa de acordar o indivíduo produz comportamento desorientado, semelhante ao estado de embriaguez (Mason e Pack, 2007).

> As crianças com EN apresentam maior número de ciclos de sono e despertar, o que leva a um sono mais fragmentado, e, consequentemente, a um estado de privação de sono com aumento no limiar de despertar.

Poliúria noturna

Durante o período de sono, normalmente há um aumento na liberação do hormônio arginina vasopressina (ou ADH), com o intuito de fazer com que os rins aumentem a reabsorção de líquidos, o que consequentemente reduz o volume de urina produzido. Essa natural concentração da urina (osmolalidade) durante a noite aumenta a necessidade de esvaziamento da bexiga durante esse período. A ocorrência de uma falha na liberação deste hormônio em maior quantidade durante o sono leva a uma maior necessidade de esvaziamento da bexiga durante a noite, tornando a produção noturna de urina superior à capacidade normal da bexiga. Esse processo, nomeado poliúria noturna, associado à dificuldade para despertar diante dos sinais de necessidade de esvaziamento, pode ocasionar a enurese (Houts, 1991).

Em casos de deficiência na liberação do hormônio não concomitante com a dificuldade de acordar, ocorre a noctúria, ou seja, a pessoa acorda para esvaziar a bexiga durante o sono.

Níveis de vasopressina podem ser verificados por meio de exames de sangue e urina. Possíveis sinais de poliúria noturna podem ser observados por molhadas ocorridas logo após o início do sono, manchas de urina consistentemente grandes e, em casos de inibição da enurese, quando a criança é acordada várias vezes durante a noite para urinar (Buttler e Holland, 2000).

Existem casos menos comuns em que altos níveis de vasopressina são observados na urina, porém esta não foi absorvida pelos rins por um problema de captação dos receptores. Há também relatos de crianças que têm rins insensíveis ao hormônio. E, ainda, existem crianças com liberação em quantidades esperadas da vasopressina que apresentam enurese (Buttler e Holland, 2000).

Estudos de monitoração da produção de urina de pessoas com e sem enurese demonstram um aumento na liberação do hormônio vasopressina e consequentemente uma maior concentração de urina durante o sono entre os não portadores de enurese. E, ainda, apontam uma diminuição na incidência da enurese quando há utilização da desmopressina (ou DDAVP), o hormônio sintético da vasopressina (Houts, 1991).

> Poliúria noturna ocorre quando os rins não concentram a urina durante o sono.

Com isso, é possível relacionar a enurese a um ritmo deficiente na liberação do hormônio vasopressina conjuntamente a uma dificuldade de despertar.

Hiperatividade detrusora/baixa capacidade funcional

O processo de micção, quando em atividade normal, ocorre quando o músculo detrusor se contrai e força a urina para fora através do colo da bexiga. Isso faz com que o esfíncter uretral externo relaxe para permitir o livre fluxo da urina para a uretra. Para evitar o processo miccional é preciso inibir as contrações detrusoras e manter a contração do esfíncter externo.

Uma outra hipótese etiológica para a enurese é quando a atividade do músculo detrusor da bexiga é instável durante o sono, provocando, assim, contrações espontâneas do músculo, nomeadas hiperatividade detrusora.

A hiperatividade detrusora pode ser classificada em orgânica e funcional. A orgânica se refere a crianças com enurese que sofrem de uma condição chamada "bexiga neurogênica", que apresenta dois tipos de atividade anormal do músculo detrusor: a hiper-reflexia (contrações involuntárias do músculo da bexiga que resultam na liberação espontânea da urina, mesmo com volumes muito baixos) e a arreflexia detrusora (incapacidade do músculo detrusor contrair-se, mesmo quando a bexiga está cheia, causando incontinência urinária. É pouco provável que a bexiga neurogênica seja uma hipótese etiológica pertinente à maioria dos *enuréticos,* porque eles raramente apresentam enurese diurna ou anormalidades fisiológicas indicativas de inervação irregular (Houts, 1991).

O que ocorre com crianças enuréticas é que, com o enchimento da bexiga, há um relaxamento da musculatura pélvica e contração involuntária do detrusor, o que está associado à micção. Crianças que não apresentam enurese respondem ao enchimento da bexiga com contração do esfíncter e inibição das contrações involuntárias do detrusor, o que permite que elas continuem dormindo sem urinar ou que respondam acordando à sensação de bexiga cheia, o que caracteriza a noctúria. O estudo realizado por pesquisadores belgas (Baeyens et al., 2007) evidencia que, de fato, as crianças com enurese têm um déficit maturacional no núcleo responsável pela inibição das contrações involuntárias da bexiga, impossibilitando a resposta que lhes permitirá continuar dormindo sem que o episódio de enurese ocorra. Também é comum que a atividade detrusora disfuncional esteja associada à baixa capacidade funcional da bexiga, uma vez que ela geralmente não se enche totalmente.

A segunda classificação se refere a uma forma funcional de bexiga neurogênica chamada não neurogênica, ou seja, bexiga com hiper-reflexia e arreflexia que não podem ser explicadas neurologicamente. Bexiga funcional neurogênica frequentemente refere-se a uma falta de coordenação normal das respostas musculares durante a micção. Uma das formas mais comuns de disfunção detectada por estudos urodinâmicos é a disenergia detrusor-esfincteriana, verificada quando contrações intermitentes da pélvis continuam a ocorrer ao longo da micção (Houts, 1991).

Os seguintes sinais podem ser indicativos de instabilidade da bexiga: micções frequentes durante o dia (mais de sete vezes por dia), sensação de urgência, manobras malsucedidas de segurar, baixa ou variável capacidade funcional da bexiga, multiplas molhadas à noite, variação no tamanho das molhadas e acordar após as molhadas (Buttler e Holland, 2000).

Também é comum que a atividade detrusora disfuncional esteja associada à baixa capacidade funcional da bexiga, uma vez que ela geralmente não se enche totalmente (Pereira, 2010).

Algumas bexigas têm a capacidade relativamente pequena para a contenção da urina. Não se trata da capacidade física propriamente dita, mas da capacidade funcional do órgão. A capacidade física real refere-se ao volume necessário para o enchimento da bexiga, enquanto a capacidade funcional refere-se à quantidade de urina suficiente para eliciar as contrações reflexas da bexiga indicando a necessidade de eliminação. Investigações mostram que as contrações para esvaziamento podem ocorrer anteriormente ao preenchimento total do órgão.

A capacidade funcional pode ser mensurada através do procedimento de ingestão de líquido em grande quantidade e a quantificação da urina eliminada após maior tempo possível de retenção. Calcu-

> **Crianças que *não* apresentam enurese respondem ao enchimento da bexiga com contração do esfíncter e inibição das contrações involuntárias do detrusor.**

la-se a capacidade funcional esperada de acordo com a idade da criança por meio da fórmula: cf = 30 + (idade x 30) mL. Por exemplo, espera-se que uma criança de 10 anos tenha 330 ml de capacidade funcional: cf = 30 + (10 x 30) = 330 mL (Pereira, 2010).

Conclusão

A genética da EN tem sido estudada desde a década de 1930. A EN é um distúrbio geneticamente complexo e heterogêneo. Fatores genéticos são mais importantes na etiologia da EN, mas fatores ambientais, somáticos e psicossociais têm um importante efeito modulador. A taxa de casos esporádicos é elevada (um terço), e as diferenças entre as formas esporádicas e familiares de EN não são conhecidas. O modo de transmissão mais comum é autossômico dominante, com alta penetrância (90%) (Super e Postlethwaite, 1997).

A identificação de alguns cromossomos associados à EN (8, 12, 13 e 22) em estudos familiares sugere uma herança autossômica dominante com penetrância variável, mas ainda não é suficiente para elucidar os mecanismos envolvidos, por falta de identificação do gene específico como causa da EN. Caracteriza-se, assim, a ENM como uma doença multifatorial.

Diante das dificuldades etiológicas para manuseio correto da EN, há modelos conceituais como a teoria dos três sistemas (Vasopressina – Sono – Bexiga) em que se sugere uma direção para a aplicação da terapêutica. Uma avaliação inicial identificando aqueles pacientes com ENM com predomínio de poliúria noturna ou predomínio de redução na capacidade da bexiga ampara-se na escolha de métodos terapêuticos mais eficientes para cada caso.

Pontos para lembrar

- A enurese tem um forte componente hereditário na sua causa.
- Para que a enurese ocorra, dois fatores devem estar presentes: a incapacidade de despertar frente aos sinais da bexiga, necessariamente, em conjunto ou com a poliúria noturna ou com a hiperatividade detrusora.
- A enurese é caracterizada como uma doença multifatorial, demandando atenção de diversas especialidades.

Perguntas de revisão

1. Sobre a genética da ENM, podemos dizer:
   a) A EN está relacionada a uma herança autossômica dominante de alta penetrância.
   b) Fatores psicológicos são os únicos importantes na etiologia da EN.
   c) O total conhecimento da genética na EN foi determinante no tratamento e cura dos pacientes enuréticos.
2. A enurese noturna é considerada uma doença multifatorial porque:
   a) As crianças que têm EN não acordam para urinar quando a bexiga está cheia.
   b) A capacidade vesical destes pacientes não comporta o excesso de produção de urina noturna.
   c) O distúrbio existe em decorrência do mau funcionamento de um ou mais dos seguintes três sistemas – falta de liberação de vasopressina durante o sono; instabilidade da bexiga e/ou incapacidade de despertar do sono para sensação da bexiga cheia.
3. Os seguintes sinais podem ser indicativos de instabilidade da bexiga:
   a) Múltiplas molhadas durante a noite e variação no tamanho das molhadas.
   b) Sensação de urgência e manobras malsucedidas de segurar a urina.
   c) Todas as alternativas.

Respostas: 1.a 2.c 3.c

Referências

Alexopoulos, E. I., Kostadima, E., Pagonari, I., Zintzaras, E., Gourgoulianis, K., & Kaditis, A. G. (2006). Association between primary nocturnal enuresis and habitual snoring in children. *Urology, 68*(2), 406-409.

Bader, G., Nevéus, T., Kruse, S., & Sillén, U. (2002). Sleep of primary enuretic children and controls. *Sleep, 25*(5), 579-583.

Baeyens, D., Roeyers, H., Naert, S., Hoebeke, P., & Vande Walle, J. (2007). The impact of maturation of brainstem inhibition on enuresis: A startle eye blink modification study with 2-year followup. *The Journal of Urology, 178*(6): 2621-2625.

Butler, R. J. (2004). Childhood nocturnal enuresis: developing a conceptual framework. *Clinical Psychology Review, 24*(8), 909-931.

Butler, R. J., & Holland, P. (2000). The three systems: A conceptual way of understanding nocturnal enuresis. *Scandinavian Journal of Urology and Nephrology, 34*(4), 270-277.

Cohen-Zrubavel, V., Kushnir, B., Kushnir, J., & Sadeh, A. (2011). Sleep and sleepiness in children with nocturnal enuresis. *Sleep, 34*(2), 191-194.

Djurhuus, J. C., & Rittig, S. (1998). Current trends, diagnosis, and treatment of enuresis. *European Urology, 33*(Suppl. 3), 30-33.

Eiberg, H., Berendt, I., & Mohr, J. (1995). Assignment of dominant inherited nocturnal enuresis (ENUR1) to chromosome 13q. *Nature Genetics, 10*(3), 354-356.

Firoozi, F., Batniji, R., Aslan, A. R., Longhurst, P. A., & Kogan, B. A. (2006). Resolution of diurnal incontinence and nocturnal enuresis after adenotonsillectomy in children. *The Journal of Urology, 175*(5), 1885-1888.

Frary, L. G. (1935). Enuresis: A genetic study. *American Journal of Diseases of Children, 49*(3), 557-578.

Hansakunachai, T., Ruangdaraganon, N., Udomsubpayakul, U., Sombuntham, T., & Kotchabhakdi, N. (2005). Epidemiology of enuresis among school-age children in Thailand. *Journal of Developmental and Behavioral Pediatrics, 26*(5), 356-360.

Houts, A. C. (1991). Nocturnal enuresis as a behavioral problem. *Behavior Therapy, 22*(2), 137-151.

Inan, M., Tokuc, B., Aydiner, C. Y., Aksu, B., Oner, N., & Basaran, U. N. (2008). Personal characteristics of enuretic children: An epidemiological study from South-East Europe. *Urologia Internationales, 81*(1), 47-53.

Koff, S. A. (1995). Why is desmopressin sometimes ineffective at curing bedwetting? *Scandinavian Journal of Urology and Nephrology, 173*, 103-108.

Mason, T. B. A., & Pack, A. I. (2007). Pediatric parasomnias. *Sleep, 30*(2), 141-151.

Nevéus, T. (2008). Enuretic sleep: Deep, disturbed or just wet? *Pediatric Nephrology, 23*(8), 1201-1202.

Nevéus, T., Eggert, P., Evans, J., Macedo, A., Rittig, S., Tekgül, S., et al. (2010). Evaluation of and treatment for monosymptomatic enuresis: A standardization document from the International Children's Continence Society. *The Journal of Urology, 183*(2), 441-447.

Nevéus, T., Hetta, J., Cnattingius, S., Tuvemo, T., Läckgren, G., Olsson, U., & Stenberg, A. (1999). Depth of sleep and sleep habits among enuretic and incontinent children. *Acta Paediatrica, 88*(7), 748-752.

Oransky, W. (1928). Zur Frage über Vererbung der Enuresis nocturna. *Deutsche Zschr P Nervenh, 104*(5-6), 308-311.

Pereira, R. F. (2010). *Variáveis moderadoras do resultado da intervenção com alarme para a enurese noturna* (Tese de doutorado). Universidade de São Paulo, São Paulo.

Petrovskij, S. (1934). Erblichkeit und Enuresis nocturna. *Sovet Psichonevr, 10*, 10.

Ramírez-Backhaus, M., Martínez Agulló, E., Arlandis Guzmán, S., Gómez Pérez, L., Delgado Oliva, F., Martínez García, R., Jiménez Cruz, J. F., et al. (2009). Prevalence of nocturnal enuresis in the Valencian Community. Pediatric section of the National Incontinence Survey. The EPICC Study. *Actas Urologicas Españolas, 33*(9), 1011-1018.

Schaumburg, H. L., Kapilin, U., Blåsvaer, C., Eiberg, H., von Gontard, A., Djurhuus, J. C., & Rittig, S. (2008). Hereditary phenotypes in nocturnal enuresis. *British Journal of Urology International, 102*(7), 816-821.

Super, M., & Postlethwaite, R. J. (1997). Genes, familial enuresis, and clinical management. *Lancet, 350*(9072), 159-160.

von Gontard, A., Schaumburg, H., Hollmann, E., Eiberg, H., & Rittig, S. (2001). The genetics of enuresis: A review. *The Journal of Urology, 166*(6), 2438-2443.

Weider, D. J., Sateia, M. J., West, R. P. (1991). Nocturnal enuresis in children with upper airway obstruction. *Otolaryngology: Head & Neck Surgery, 105*(3), 427-432.

Yeung, C. K. (1997). Nocturnal enuresis in Hong Kong: different Chinese phenotypes. *Scandinavian Journal Urology and Nephrology, 183*, 17-21.

4
Comorbidades entre enurese e outros quadros

CAROLINA RIBEIRO BEZERRA DE SOUSA
DEISY RIBAS EMERICH

Introdução

Este capítulo discorre sobre os principais transtornos que se apresentam concomitantemente à enurese, constituindo casos comórbidos, bem como discute suas implicações clínicas no processo de avaliação e tratamento.

Comorbidade

A apresentação de múltiplos problemas conjugados em casos encaminhados para tratamento é algo com o qual profissionais de saúde mental frequentemente se deparam na prática clínica.

A tais associações tem se dado o nome de comorbidade. Em relação à terminologia, algumas das definições são:

a) a simples superposição de classes diagnósticas, sem considerações clínicas e nosológicas explícitas;
b) a associação entre fenômenos psicopatológicos (sintomas) que não alcançam critérios diagnósticos para um transtorno;
c) a chance de uma pessoa que apresente determinado transtorno venha a desenvolver outro.

> Considera-se como comorbidade a superposição de transtornos.

Em relação aos modelos explicativos causais para as comorbidades, os principais, descritos por Teeson e colaboradores (2005), são:

a) Relação causal direta – que ocorre quando um transtorno levaria ao aparecimento de outro transtorno (Figura 4.1A);
b) Relação causal indireta – em que um transtorno levaria ao aparecimento de um determinado problema/transtorno que, por sua vez, resultaria em outro transtorno (Figura 4.1B);
c) Fatores causais comuns – em que ambos os transtornos seriam resultantes de um fator causal comum (Figura 4.1C).

No caso de enurese, especificamente, poucos estudos têm se dedicado a investigar a relação com outros transtornos. De modo geral, as pesquisas se limitam a considerar essa relação e problemas emocionais e comportamentais gerais, ou seja, considera-se que não constituem necessariamente quadros nosológicos. Estudos epidemiológicos indicam que entre 20 e 30% de todas as crianças com enurese apresentam problemas de comportamento clinicamente relevantes, em taxas de duas a quatro vezes maiores do que aqueles que não apresentam o transtorno (von Gontard et al., 2011).

Encoprese, obesidade, apneia obstrutiva do sono e Transtorno de Déficit de Atenção e Hiperatividade (TDAH) (Carotenuto, Esposito e Pascotto, 2010; Nevéus, 2010) são os transtornos que mais se apresentam descritos na literatura quando se trata do tema de comorbidade com enurese.

A seguir, faz-se uma breve consideração sobre a relação entre enurese e tais transtornos.

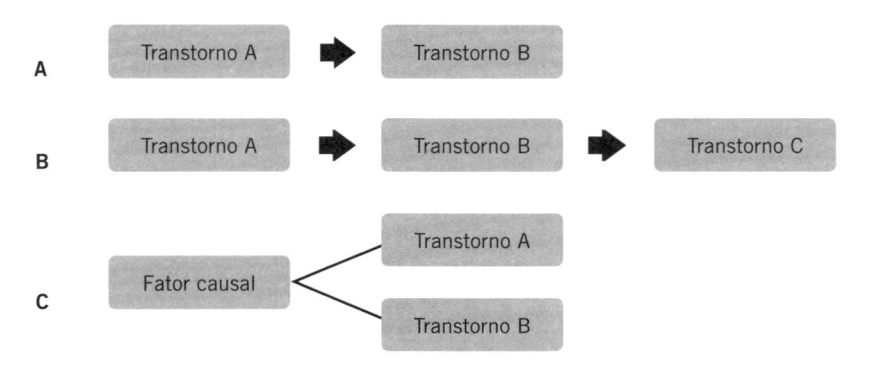

Figura 4.1A, B e C
Modelos explicativos causais das comorbidades
Adaptadas de Caron e Rutter (1991).

Enurese e encoprese

Em função da alta incidência desta associação, a apresentação comórbida de enurese e encoprese é a mais relatada na literatura.

Ao considerarmos os casos em que há comorbidade entre enurese e encoprese, cabe considerar um modelo que é amplamente consensual na literatura, qual seja o modelo causal que supõe que a enurese seja um problema secundário à encoprese (Coehlo, 2011).

Neste sentido, a enurese parece ser uma dimensão subjacente da encoprese, uma vez que o acúmulo de fezes no intestino (constipação) dificultaria a expansão da bexiga até a sua capacidade máxima, comprimindo-a e ocasionando os escapes de urina (Meneses, 2001).

> Em casos de comorbidade entre enurese e encoprese, recomenda-se iniciar o tratamento pela encoprese.

Nesses casos, recomenda-se iniciar a intervenção focando o transtorno de eliminação de fezes para, então, intervir sobre a enurese, uma vez que, na maioria dos casos, o tratamento da encoprese soluciona a queixa de enurese (Nevéus et al., 2010).

Enurese e TDAH

Seguidos da encoprese, os distúrbios neuropsiquiátricos são os que mais frequentemente se associam à enurese (Nevéus, 2011), sendo o TDAH, devido à alta prevalência, o mais relatado na literatura.

Enquanto cerca de 10% das crianças de 7 anos de idade são diagnosticadas com enurese na população geral, estudos reportam que o índice sobe para até 30% quando avaliada na população com TDAH (Biederman et al., 1995). Já entre indivíduos com enurese, de 10% (Ghanizadeh, Mohammadi, e Moini, 2008; Shreeram et al., 2009) a 30% dos casos associam-se ao TDAH (Biederman et al., 1995).

Nas duas últimas décadas, houve esforços comuns na direção de compreender tal associação. No entanto, as questões de causalidade são apenas especulativas, de modo que as discussões ainda se mostram pouco conclusivas. Em parte, devido à complexidade das dimensões psicológicas e sistemas biológicos envolvidos e, ademais, pela coocorrência com outros transtornos psiquiátricos ser comum, o que altera profundamente a apresentação de cada caso (Sousa, 2010).

Shreeram e colaboradores (2009) sinalizam a importância do desenvolvimento de estudos epidemiológicos futuros para a melhor compreensão da relação entre enurese e outros transtornos psiquiátricos, assim como a interferência do tratamento de um transtorno na remissão de outro.

Entre as hipóteses encontradas na literatura, verifica-se obedecer a uma lógica comum à questão de coocorrência de dois quadros:

1. a relação entre enurese e TDAH pode ser compreendida por fatores subjacentes comuns;
2. a enurese pode preceder e induzir ao TDAH ou vice-versa.

Além disso, há pesquisas que sugerem não haver relação causal entre esses transtornos, de modo que a relação entre os dois conceitos baseia-se apenas na oportunidade.

A proposta de condições subjacentes comuns é a que tem maior apoio da literatura, uma vez que ambos os transtornos apresentam coincidência entre fatores de risco, como sexo masculino, desvantagem social (Shreeram et al., 2009; Van Hoecke et al., 2003) e atraso no desenvolvimento maturacional (Butler, 2004; Sureshkumar et al., 2009).

A segunda associação possível, que especula que a enurese pode preceder e induzir o TDAH, parte do princípio de uma suposta relação causal entre fenômenos, em que a não resolução ou o não tratamento da enurese poderiam aumentar o risco para o transtorno.

Em estudo longitudinal, Fergusson e Horwood (1994) observaram que a enurese em adolescentes de 11, 13 e 15 anos de idade associou-se à maior frequência de problemas de comportamento na vida adulta – escores ligeiramente mais altos nas taxas de problemas de conduta, déficit de atenção, aos 13 anos, e de ansiedade e depressão, aos 15 anos. Tal estudo parece indicar, assim, que a persistência da enurese até a adolescência pode ser preditor de futuros quadros psiquiátricos, inclusive TDAH.

Contudo, a remissão da enurese, em casos comórbidos com TDAH, não conduz, necessariamente, à eliminação do TDAH, como demonstrado por Bayens e colaboradores (2007). Baseando-se na hipótese de que a hiperatividade e a desatenção seriam comportamentos de enfrentamento à enurese, os autores investigaram a persistência do diagnóstico de TDAH após dois e quatro anos do início do tratamento para enurese em um grupo de crianças em que tais condições apresentam-se em coocorrência. Dos casos, 73 e 64%, respectivamente, ainda preenchiam critérios diagnósticos pa-

> Crianças com enurese e TDAH apresentam mais problemas de comportamento que aquelas com enurese sem TDAH.

ra o TDAH. Tal redução é explicada pelo autor, ainda, como possível maturação neurológica ou mudança fenomenológica de sintomas de TDAH, que ocorre na passagem da infância para a adolescência, o que acaba por escamotear o diagnóstico estruturado a partir dos sintomas apresentados na infância. Os autores concluem, assim, que a presença de TDAH em crianças portadoras de enurese reflete, de fato, a presença de uma comorbidade psiquiátrica, e que o tratamento da enurese não parece ter interferência na remissão do TDAH.

Na direção oposta, o TDAH pode preceder a enurese e induzir a ela. Baeyens e colaboradores (2007) hipotetizam que uma disfunção no sistema cerebral de crianças com TDAH, do tipo desatento, exerce um efeito negativo sobre a excitabilidade cerebral e sinalização de enchimento vesical, o que prejudicaria a aquisição do controle esfincteriano. Explica, ademais, o fato de essa população ser mais resistente ao tratamento – a probabilidade de crianças com enurese sem TDAH tornarem-se secas foi 3,2 vezes maior do que a de crianças com enurese em comorbidade com o transtorno.

> Sexo masculino, desvantagem social e atraso no desenvolvimento maturacional são fatores subjacentes comuns à enurese e TDAH.

A hipótese de que nenhuma relação causal entre enurese e TDAH esteja presente é reforçada por estudos genéticos que apontam a independência no modo de transmissão dos transtornos, sendo improvável uma base genética comum. Um desses estudos é o de Bailey e colaboradores (1999), que encontrou semelhante prevalência de história familiar de enurese tanto entre crianças diagnosticadas com enurese (40%) quanto entre aquelas em que o transtorno associava-se ao quadro de TDAH (38%) e taxa significantemente menor entre crianças somente com TDAH (11%).

Comum à maior parte de casos comórbidos, a associação entre enurese e TDAH conduz a uma sobreposição de problemas de comportamento (Bayens et al., 2004) e se questiona, nesse ponto, qual seria a implicação para o tratamento da enurese. Assim como ainda se encontram poucos estudos que investiguem a relação entre os transtornos, poucas investigações têm se dedicado a responder tal questão (Sousa, 2010; Chertin et al., 2007; Crimmins, Rathbun e Husmann, 2003).

Bayens e colaboradores (2004) e Crimmins e colaboradores (2003) reportam que uroterapia, acetato de desmopressina (DDAVP) e antidepressivo tricíclico não têm sido efetivos no tratamento de enurese em casos associados à TDAH, e Chertin e colaboradores (2007) indicam maior diminuição do número de "molhadas" com o tratamento combinado (DDAVP + oxibutinina) *versus* imipramina.

Tais estudos, contudo, não comparam terapêuticas entre grupos, o que é feito por Chertin e colaboradores (2003). Baseando-se na premissa de que a enurese em crianças com TDAH associa-se à poliúria noturna e instabilidade detrusora, os primeiros autores avaliaram a eficácia do tratamento com DDAVP, imipramina e alarme, à escolha da família. Pacientes com enurese e TDAH responderam similarmente ao grupo de pacientes com enurese sem comorbidade quanto ao uso das duas medicações. Contudo, significativamente um número menor de crianças com TDAH e enurese tratadas com alarme estavam continentes após seis meses de início da intervenção, o que os autores associam à, significativamente, menor adesão aos procedimentos.

Esta análise vai ao encontro dos estudos de Butler (1994), Devlin e O'Cathain (1990), Houts (2003) e Moffatt e Cheang (1995), nos quais problemas de comportamento, notadamente os classificados como externalizantes, prejudicam o engajamento e, consequentemente, o sucesso no tratamento da enurese com alarme de urina.

Tal resultado é contraposto, em contrapartida, por estudo nacional de Sousa (2010). Em tal estudo, não foi encontrada diferença significativa na proporção de sucesso e nem mesmo no tempo de tratamento com alarme de urina.

Verifica-se, assim, que ainda há controvérsia neste campo, o que justifica a necessidade de mais pesquisas que visem a clarificá-lo.

Enurese e obesidade

Outra associação relatada na literatura, em menor proporção que as descritas anteriormente, é a de enurese e obesidade.

Neste caso, contudo, pesquisas indicam a possibilidade de uma relação indireta, em que os escapes de urina poderiam decorrer da constipação provocada por uma alimentação sedentária, representada pela elevação do consumo de calorias e pela ausência de fibras (Erdem et al., 2006).

Verifica-se, assim, tratar de um modelo de relação causal indireta em que a constipação seria fator intermediário na explicação da comorbidade entre obesidade e enurese.

Outra hipótese explicativa para a coocorrência entre os fenômenos é a de que crianças obesas apresentam problemas hormonais, assim como na enurese em que pode haver uma dificuldade na secreção do hormônio antidiurético. Deste modo, anormalidades na pituitária ou outra parte do sistema nervoso central poderia ser a causa de ambas as condições (Guven, Giramonti e Kogan, 2007). Tal hipótese apresenta um modelo causal baseado em fatores de risco comuns, ou seja, enurese e obesidade seriam decorrentes de uma anormalidade cerebral. Como bem pode ser visto, embora sejam pertinentes, as hipóteses explicativas para os quadros de comorbidade entre estes transtornos são distintas e ainda carecem de pesquisas para validá-las.

Com relação às implicações para o tratamento, este mesmo estudo investigou a resposta desse grupo de pacientes a uma modalidade de tratamento medicamentoso para enurese (DDAVP) e observou que crianças com enurese e obesidade foram piores que as demais no tratamento medicamentoso.

Enurese e apneia

Segundo Nevéus (2011), a enurese pode ser causada por alguns distúrbios respiratórios, principalmente a apneia obstrutiva do sono. No entanto, a relação entre os dois transtornos ainda é controversa, havendo estudos que reportam associação positiva e negativa (Su et al., 2011).

Uma das hipóteses não conclusivas que poderia explicar tal associação foi proposta por Umlauf e Chasens (2003). Para esses autores, a poliúria noturna seria resultante das condições de pressão negativa intratorácica, devido ao esforço inspiratório contra uma via aérea obstruída. Tal pressão resultaria no aumento da secreção do peptídeo natriurético atrial, hormônio cardíaco que atua nos rins e estimula a excreção de sódio e água, ao passo que inibe outros sistemas hormonais que regulam o volume de líquidos (vasopressina e o sistema renina-angiotensina-aldosterona). Deste modo, haveria uma demasiada produção de urina (poliúria) e, em decorrência disso, o paciente apresentaria enurese ou noctúria.

Assim como nos casos de encoprese, a suposição dos autores é a de que haveria uma relação causal direta, pois a apneia obstrutiva do sono seria responsável pelo aparecimento da enurese.

Nos casos em que há hiperplasia adenoamigdaliana, comumente relacionada à apneia do sono, observa-se que, após a adenoamigdalectomia, procedimento cirúrgico para remoção das amígdalas, a enurese também melhora, em função da alteração da arquitetura do sono (Francesco et al., 2004).

Semelhantemente, Çinar e colaboradores (2001) identificaram que 47 crianças com enurese, de um total de 111, submetidas à cirurgia para desobstrução das vias respiratórias superiores, obtiveram remissão parcial ou total da queixa de enurese. Embora alguns estudos apontem a remissão da queixa de enurese, Umlauf e Chasens (2003) sugerem que a intervenção sobre a enurese ou noctúria, sintomas incômodos decorrentes da apneia, pode contribuir para a satisfação do paciente, bem como reforçar a adesão ao tratamento para as dificuldades respiratórias.

Ainda no que tange às dificuldades respiratórias, é interessante destacar que a obstrução nasal pode ocorrer em função da inflamação das membranas nasais, fruto da exposição a alérgenos (Bousquet et al, 2001). Deste modo, alguns tipos de alergias, como a rinite alérgica, podem ocorrer em comorbidade com a enurese. Sendo cabível considerar a hipótese causal, anteriormente apresentada, de que a enurese seria um sintoma de problemas de obstrução das vias aéreas superiores (Aydil et al., 2008).

Reflexão sobre as implicações de comorbidades na escolha de qual o momento mais adequado para a intervenção

A partir do que foi explanado anteriormente, percebe-se que a presença de quadros comórbidos à enurese é mais comum do que se pode supor. Em função disso, no processo de avaliação, esta é uma área que precisa ser investigada atentamente pelo profissional de saúde, pois se deve considerar que qualquer evento comórbido confere maior complexidade ao caso, e a sobreposição de transtornos amplifica as dificuldades enfrentadas pela criança e sua família.

Embora a literatura indique quais coocorrências entre transtornos são mais comuns e recomende manejos prioritários e atenção secundária, a seleção e hierarquização das dificuldades que serão alvo de intervenção é algo que não se pode conceber como fórmulas prontas, uma vez que a experiência do problema é vivenciada pelo paciente e individualmente pela família de forma particular, assim como a procura por tratamento.

Recomenda-se que o profissional de saúde busque estabelecer uma boa relação com o paciente e sua família, de modo que tais partes possam expor quais dificuldades lhes causam maior incômodo. De posse destas informações, cabe ao profissional, dotado de autoridade que a técnica especializada em cada área lhe atribui, orientar quanto à escolha da queixa prioritária. Neste sentido, é concebível o estabelecimento de uma comunicação clara e informativa, para que o paciente e sua família estejam cientes da racionalidade do processo que culmina com a terapêutica a ser adotada. É importante destacar que, caso o profissional identifique que ambos os quadros comórbidos implicam o mesmo incômodo, é possível, em determinados casos, haver uma intervenção simultânea sobre os dois transtornos.

Pontos para lembrar

- Nos casos em que há comorbidade entre enurese e encoprese, recomenda-se iniciar a intervenção focando o transtorno de eliminação de fezes, para, então, intervir sobre a enurese, uma vez que, na maioria dos casos, o tratamento da encoprese soluciona a queixa de enurese.
- Não há consenso na literatura se a presença de TDAH pode prejudicar o tratamento com alarme, mas parece haver relação entre esta e a menor adesão aos procedimentos. Assim, ao intervir sobre esses casos, o profissional de saúde deve realizar uma monitoração sistemática e um manejo de contingências com vistas a favorecer o seguimento de regras.
- O profissional de saúde deve estar atento à presença de quadros comórbidos desde o momento da avaliação do caso, uma vez que a identificação da presença de outro transtorno além da enurese exige reflexões do profissional acerca do problema que será alvo de intervenção e da terapêutica a ser adotada.

Perguntas de revisão

1. Qual das seguintes alternativas apresenta a hipótese explicativa mais provável da relação entre enurese e Transtorno de Déficit de Atenção e Hiperatividade?
   a) Ambos os transtornos apresentam fatores subjacentes comuns.
   b) Um transtorno leva ao aparecimento do outro (enurese pode preceder o TDAH e induzir a ele ou vice-versa).
   c) Não há relação causal entre esses transtornos.

2. Para quais dos seguintes conjuntos de transtornos a hipótese causal direta (Presença do transtorno → Enurese) seria pertinente?
   a) Encoprese, Transtorno de Déficit de Atenção e Hiperatividade e Apneia Obstrutiva do Sono.
   b) Encoprese, Apneia Obstrutiva do Sono e Obesidade.
   c) Todas as alternativas anteriores.

3. Complete a seguinte frase: "A presença de quadros comórbidos..."
   a) ... não requer maior atenção do profissional de saúde, porque, mesmo que haja outro transtorno, a prioridade será sempre intervir sobre a enurese.
   b) ... requer uma maior atenção do profissional de saúde, por conferir uma maior complexidade ao caso.
   c) ... requer uma maior atenção do profissional de saúde, pois este sempre terá que selecionar um transtorno para intervir primeiramente, sendo inapropriada a intervenção simultânea.

Respostas: 1.a 2.c 3.b

Referências

Aydil, U., I eri, E., Kizil, Y., Bodur, S., Ceylan, A., & Uslu, S. (2008). Obstructive upper airway problems and primary enuresis nocturna relationship in pediatric patients: Reciprocal study. *Journal of Otolaryngology: Head & Neck Surgery, 37*(2), 235-259.

Baeyens, D., Roeyers, H., Hoebeke, P., Verté, S., Van Hoecke, E., & Walle, J. V. (2004). Attention deficit/hyperactivity disorder in children with nocturnal enuresis. *The Journal of Urology, 171*(6 Pt 2), 2576-2579.

Baeyens, D., Roeyers, H., Naert, S., Hoebeke, P., & Vande Walle, J. (2007). The impact of maturation of brainstem inhibition on enuresis: A startle eye blink modification study with 2-year followup. *The Journal of Urology, 178*(6): 2621-2625.

Bailey, J. N., Ornitz, E. M., Gehricke, J. G., Gabikian, P., Russell, A. T., & Smalley, S. L. (1999). Transmission of primary nocturnal enuresis and attention deficit hyperactivity disorder. *Acta Pediatrica, 88*(12), 1364-1368.

Biederman, J., Santangelo, S. L., Faraone, S. V., Kiley, K., Guite, J., Mick, E., et al. (1995). Clinical correlates of enuresis in ADHD and non ADHD children. *Journal of Child Psychology and Psychiatry, 36*(5), 865-77.

Bousquet, J., Van Cauwenberge, P., & Khaltaev, N. (2001). Allergic rhinitis and its impact on asthma. *Journal of Allergy and Clinical Immunology, 108*(Suppl. 5), 147-334.

Butler, R. J. (2004). Childhood nocturnal enuresis: Developing a conceptual framework. *Clinical Psychology Review, 24*(8), 909-931.

Caron, C., & Rutter, M. (1991). Comorbidity in child psychopathology: Concepts, issues and research strategies. *Journal of Child Psychology and Psychiatry, 32*(7), 1063-1080.

Carotenuto, M., Esposito, M., & Pascotto, A. (2010). Migraine and enuresis in children: An unusual correlation? *Medical Hypotheses, 75*(1), 120-122.

Chertin, B., Koulikov, D., Abu-Arafeh, W., Mor, Y. Shenfeld, O. Z., & Farkas, A. (2007). Treatment of nocturnal enuresis in children with attention deficit hyperactivity disorder. *The Journal of Urology, 178*(4 Pt 2), 1744-1747.

Çinar, U., Vural, C., Çakir, B., Topuz, E., Karaman, M. I., & Turgut, S. (2001). Nocturnal enuresis and upper airway obstruction. *International Journal of Pediatric Otorhinolaryngology, 59*, 115-118.

Coehlo, D. P. (2011). Encopresis: A medical and family approach. *Pediatric Nursing, 37*(3), 107-112.

Crimmins, C. R., Rathbun, S. R., & Husmann, D. A. (2003). Management of urinary incontinence and nocturnal enuresis in attention-deficit hyperactivity disorder. *The Journal of Urology, 170*(4 Pt 1), 1347-1350.

Devlin, J., & O'Cathain, C. (1990). Predicting treatment outcome in nocturnal enuresis. *Archives of Disease in Childhood, 65*(10), 1158-1161.

Di Francesco, R. C., Passerotti, G., Paulucci, B., & Miniti, A. (2004). Respiração oral na criança: Repercussões diferentes de acordo com o diagnóstico. *Revista Brasileira de Otorrinolaringologia, 70*(5), 665-670.

Erdem, E., Lin, A., Kogan, B. A., & Feustel, P. J. (2006). Association of elimination dysfunction and body mass index. *Journal of Pediatric Urology, 2*(4), 364-367.

Feinstein, A. R. (1970). The pre-therapeutic classification of co-morbidity in chronic disease. Journal of *Chronic Diseases, 23*(7), 455-468.

Fergusson, D. M., & Horwood, L. J. (1994). Nocturnal enuresis and behavioral problems in adolescence: A 15-year longitudinal study. *Pediatrics, 94*(5), 662-668.

Ghanizadeh, A., Mohammadi, M. R., & Moini, R. (2008). Comorbidity of psychiatric disorders and parental psychiatric disorders in a sample of Iranian children with ADHD. *Journal of Attention Disorders, 12*(2), 149-155.

Guven, A., Giramonti, K., & Kogan, B. A. (2007). The effect of obesity on treatment efficacy in children with nocturnal enuresis and voiding dysfunction. *The Journal of Urology, 178*(4 Pt 1), 1458-1462.

Houts, A. C. (2003). Behavioral treatment for enuresis. In A. E. Kazdin & J. R. Weisz (Eds.), *Evidence-based psychotherapies for children and adolescents* (pp. 388-406). New York: Guilford.

Meneses, R. P. (2001). Enurese noturna monossintomática. *Jornal de Pediatria, 77*(3), 161-168.

Moffatt, M. E., & Cheang, M. (1995). Predicting treatment outcome with conditioning alarms. *Scandinavian Journal of Urology and Nephrology, 173*, 119-122.

Nevéus, T. (2011). Nocturnal enuresis-theoretic background and practical guidelines. *Pediatric Nephrology, 26*(8), 1207-1214.

Nevéus, T., Eggert, P., Evans, J., Macedo, A., Rittig, S., Tekgül, S., et al. (2010). Evaluation of and treatment for monosymptomatic enuresis: A standardization document from the International Children's Continence Society. *The Journal of Urology, 183*(2), 441-447.

Shreeram, S., He, J. P., Kalaydjian, A., Brothers, S., & Merikangas, K. R. (2009). Prevalence of enuresis and its association with attention-deficit/hyperactivity disorder among U.S. children: Results from a nationally representative study. *Journal of American Academy of Child and Adolescent Psychiatric, 48*(1), 35-41.

Sousa, C. R. B. (2010). *Tratamento comportamental da enurese noturna em crianças com comorbidade de Transtorno de Déficit de Atenção e Hiperatividade* (Dissertação de mestrado). Universidade de São Paulo, São Paulo.

Su, M. S., Li, A. M., So, H. K., Au, C. T., Ho, C., & Wing, Y. K. (2011). Nocturnal enuresis in children: Prevalence, correlates, and relationship with obstructive sleep apnea. *The Journal of Pediatrics, 159*(2), 238-242.

Sureshkumar, P., Jones, M., Caldwell, P. H., & Craig, J. C. (2009). Risk factors for nocturnal enuresis in school-age children. *The Journal of Urology, 182*(6), 2893-2899.

Teesson, M., Degenhardt, L., Proudfoot, H., Hall, W., & Lynskey, M. (2005). How common is comorbidity and why does it occur? *Australian Psychologist, 40*(2), 81-87.

Umlauf, M. G., & Chasens, E. R. (2003). Sleep disordered breathing and nocturnal polyuria: Nocturia and enuresis. *Sleep Medicine Reviews, 7*(5), 403-411.

Van Hoecke, E., Baeyens, D., vande Walle, J., Hoebeke, P., & Roeyers, H. (2003). Socioeconomic status as a commom factor underlying the association between enuresis and psychopathology. *Journal of Develpmental and Behavioral Pediatrics, 24*(2), 109-114.

von Gontard, A., Baeyens, D., Van Hoecke, E., Warzak, W. J., & Bachmann, C. (2011). Psychological and psychiatric issues in urinary and fecal incontinence. *The Journal of Urology, 185*(4), 1432-1436.

5

Avaliação da enurese: anamnese e aspectos psicossociais

DEISY RIBAS EMERICH
CAROLINA RIBEIRO BEZERRA DE SOUSA

Introdução

O objetivo deste capítulo será discutir e apresentar tópicos que se julgam pertinentes na avaliação clínica do distúrbio, discorrendo, ainda, sobre a importância de se avaliar questões psicossociais que podem interferir no curso do tratamento.

Primeiramente, faz-se uma breve elucidação sobre o objetivo do processo de avaliação e, em seguida, apresenta-se uma estrutura esquematizada de quais áreas uma avaliação para enurese deve abranger. Para concluir, apresentam-se alguns instrumentos já formulados, dos quais o profissional de saúde pode se valer para abordar os aspectos necessários.

O processo de avaliação

A enurese é um dos transtornos mais frequentes na população infantil (Elsayed et al., 2011), representando um público recorrente nos consultórios médicos e psicológicos. Diante dessa demanda, é importante que o profissional de saúde esteja preparado para lidar com esse quadro dispondo de conhecimento sobre etiologia e diagnóstico, além de conhecimentos sobre fatores psicossociais que podem intervir no curso do tratamento.

Nesse sentido, o processo de avaliação se mostra uma ferramenta valiosa, por permitir ao profissional de saúde ter uma ampla compreensão tanto do quadro de enurese como de questões específicas sobre a história de desenvolvimento do paciente e da dinâmica familiar em que ele está inserido para assim selecionar a intervenção mais adequada para o mesmo.

Tem sido sistematicamente reconhecida pela literatura e pela prática clínica a necessidade de incluir múltiplos informantes no processo de avaliação (De Los Reyes e Kazdin, 2005). Ao agrupar um conjunto de informações provindas de fontes diversas, o profissional de saúde é capaz de ter uma melhor compreensão da severidade do problema, bem como dos riscos futuros que este pode implicar (Kerr, Lunkenheimer e Olson, 2007). Isto é, faz-se não apenas o diagnóstico do caso, mas também se permite esboçar um prognóstico quanto ao resultado do tratamento – possíveis motivadores ou dificultadores, fisiológicos e psicossociais.

> No processo de avaliação, recomenda-se a inclusão tanto dos pais/cuidadores quanto da própria criança ou adolescente.

No caso específico da enurese, recomenda-se a inclusão tanto dos pais/cuidadores quanto da própria criança ou adolescente. Os primeiros são quem melhor dispõem de informações acerca da história pregressa de seus filhos, bem como se mostram informantes ideais para discorrer sobre o curso do distúrbio – início, desenvolvimento e condições atuais. Ademais, é de suma importância identificar quais são as reações que estes pais/cuidadores têm em relação ao distúrbio, bem como qual a concepção que possuem em relação à enurese, a qual pode dificultar intervenções – pesquisas indicam que intolerância materna ao distúrbio compromete a adesão ao tratamento (Morgan e Young, 1975; Butler et al., 1986).

Já a entrevista com a criança, ou o adolescente, visa obter informações sobre o impacto sentido pelo paciente em função da enurese, bem como sobre a dinâmica familiar e expectativas quanto ao tratamento.

Assim, de modo geral, em uma avaliação clínica de enurese inclui-se: história pregressa (anamnese); dados específicos do distúrbio, à luz dos critérios diagnósticos escolhidos pelo profissional, tais como: o Manual Diagnóstico e Estatístico de Transtornos Mentais (DSM-IV) ou a Sociedade Internacional de Continência em Crianças (ICCS); informações sobre a dinâmica familiar; tolerância parental e impacto do paciente frente ao distúrbio.

É a articulação dessas informações obtidas que permitirá ao profissional de saúde ter uma ampla e adequada compreensão do caso, bem como a possibilidade de selecionar a proposta de intervenção que mais se adéqua ao mesmo.

Anamnese

Queixa principal – histórico, desenvolvimento e apresentação atual do transtorno

Tal como em qualquer primeiro contato que se faz com o paciente e/ou com sua família, o ponto de partida deve ser o motivo da procura por tratamento, ao qual se segue um maior detalhamento da queixa apresentada que, nesse caso, refere-se à elucidação do que constitui os escapes de urina.

Algumas condições podem envolver eliminação involuntária de urina, em locais e horas inadequadas, como diabetes insípido, diabetes melito, poliúria noturna (Brown et al., 2010) e infecções do trato urinário (Hunskaar et al., 2002), condições que descartam o diagnóstico de enurese. Assim, primeiramente é importante que o profissional de saúde esteja atento à ocorrência de tais condições e, caso estas estejam ausentes, procede-se, então, à avaliação da enurese.

Os manuais classificatórios, como o DSM-IV ou a normatização proposta pela ICCS, fornecem um norte pelo qual o profissional de saúde pode se guiar para avaliar se os episódios de escapes de urina constituem, de fato, enurese – classificação nosográfica – e, em caso afirmativo, de que tipo se trata, dentre as classificações possíveis.

Baseando-se nos critérios propostos, faz-se necessário investigar:

A) Involuntariedade do comportamento e quantidade de urina eliminada – considera-se que os escapes não sejam atos deliberados e devem ocorrer em grande quantidade, caracterizando micção normal, uma vez que pequenas quantidades podem indicar outros problemas do trato urinário;
B) Idade do paciente – em ambos os critérios, institui-se idade mínima de 5 anos, uma vez que até essa idade o indivíduo esteja ainda em processo de maturação do sistema nervoso central e, portanto, podem ocorrer escapes de urina em função da não aquisição do controle dos esfíncteres.
C) Frequência dos escapes – tal informação, ainda que de suma importância, é a mais controversa entre os vários critérios diagnósticos disponíveis. Enquanto o DSM-IV indica frequência mínima de duas vezes por semana, o ICCS menciona que a ocorrência de escape uma vez por mês já é o suficiente. Indica-se, neste caso, que o profissional de saúde escolha por qual critério irá se pautar, considerado que mesmo uma baixa frequência pode significar um sofrimento e/ou um prejuízo significativo na vida do paciente, o que justifica o tratamento.

Dados sobre a frequência dos escapes, além de auxiliarem na elaboração do diagnóstico, também se mostram úteis por permitir avaliar a probabilidade de remissão espontânea e o prognóstico do tratamento, bem como estabelecer uma linha de base para avaliar o efeito da intervenção (Edwin e Mikkelsen, 2009). Butler e Heron (2008) demonstram que quanto maior a frequência, menor a probabilidade de os escapes de urina serem interrompidos com o passar do tempo – mais provável entre crianças que apresentam até dois escapes por semana –, sem qualquer intervenção. Nevéus e colaboradores (2006), por sua vez, relatam que a maior frequência de episódios de "molhadas" por semana e por noite (caracterizando enurese múltipla) associa-se à maior severidade do quadro, e progressos no tratamento com alarme são mais resistentes.

Outras questões relativas propriamente ao quadro dizem respeito às classificações de enurese primária *versus* secundária. Embora em menor prevalência, alguns pacientes podem apresentar enurese secundária (Spee-van der Wekke et al., 1998). Nestes casos, é necessário haver um maior cuidado na avaliação médica e psicológica, uma vez que pode haver algum antecedente externo, como trauma ou abuso, relacionado à perda do controle da micção (Brown, Pope e Brown, 2011). Em tais condições, avaliação psicológica por meio de entrevistas com a criança e outros recursos típicos de terapia são fundamentais.

As distinções entre enurese simples *versus* enurese múltipla e enurese monossintomática *versus* enurese não monossintomática também são importantes por indicarem a severidade do distúrbio. A presença ou ausência de sintomas do trato urinário inferior, assim como a frequência, também guarda relação com o sucesso do tratamento com alarme (Nevéus et al., 2006).

Outras questões, tais como padrão de micção, podem revelar urgência para urinar, e histórico de pequenos escapes de enurese sugerem instabilidade ou pequena capacidade de bexiga (Lawless e McElderry, 2001), elementos que acabam por auxiliar na diferenciação entre os diversos tipos de disfunções miccionais (Koff, Wagner e Jayanthi, 1998; Nørgaard et al., 1998).

Realizar essas distinções é muito importante, pois a indicação de tratamento varia em função do tipo de enurese (Hjalmas et al., 2004), como será melhor explicado nos capítulos sobre tratamentos.

Todas as informações necessárias para tais definições podem ser obtidas por meio de entrevistas com os cuidadores da criança, o que faz o diagnóstico

> A avaliação diagnóstica da enurese pode ser empreendida pautando-se, fundamentalmente, em procedimentos clínicos, como a entrevista de anamnese.
> Testes laboratoriais podem conferir fidedignidade ao diagnóstico, mas aqueles que são invasivos (como a urodinâmica), devem ser empreendidos com cautela.

ser principalmente clínico, ainda que apenas exames médicos, tal como a urodinâmica, possam constatar com precisão a presença de outros sintomas do trato urinário inferior. Devido a ser um procedimento altamente invasivo, contudo, cada vez mais tem-se recomendado uma avaliação clínica que o substitua.

História médica pregressa e atual

Trata-se do histórico de marcos de desenvolvimento da criança, especificamente aqueles relativos ao controle de esfíncteres, como idade em que a criança obteve a controle durante a vigília e, em casos de enurese secundária, durante o sono.

Nesse tópico, também é importante que se questionem enfermidades e cirurgias já realizadas na criança, dando ênfase ao histórico de infecção urinária, possível indicador de outros problemas do trato urinário inferior, e condições médicas atuais – presença de outros distúrbios, configurando casos comórbidos.

É importante, ainda, que se registrem tentativas de resolução do problema, isto é, quais foram os tratamentos anteriores e os seus resultados.

Presença de problemas emocionais e comorbidades com problemas de comportamento

Como a enurese é um transtorno que pode implicar uma série de limitações sociais na vida dos que a apresentam, é relevante, para a seleção da intervenção, obter dados sobre o impacto sentido pela criança ou adolescente.

Tabela 5.1 INVESTIGAÇÃO DA HISTÓRIA PRÉVIA E DE OUTRAS DIFICULDADES ASSOCIADAS

Padrões e sintomas	Interpretação/ação
Padrão de micção	
Em quantas noites por semana os episódios de "molhada" ocorrem?	Enurese que ocorre todas as noites é uma enurese severa, que parece ser menos provável de se solucionar espontaneamente do que uma enurese menos frequente.
Quantos episódios por noite?	
Elimina uma grande quantidade de urina?	Uma grande quantidade de urina nas primeiras horas de noite é comum em casos em que a enurese aparece isolada. Já um volume variável de urina, mais que uma vez por noite, frequentemente, é típico de quadros em que há enurese e sintomas diurnos com possível bexiga hiperativa.
Em qual(is) horário(s) as "molhadas" ocorrem?	
A criança ou adolescente acorda depois de "molhar" a cama?	

(Continua)

Tabela 5.1	INVESTIGAÇÃO DA HISTÓRIA PRÉVIA E DE OUTRAS DIFICULDADES ASSOCIADAS (continuação)
Padrões e sintomas	**Interpretação/ação**
Sintomas diurnos	
A criança ou adolescente tem urgência para urinar frequentemente (mais que sete vezes) ou raramente (menos que quatro vezes) durante o dia? A criança ou adolescente tem urgência para urinar durante o dia? A criança ou adolescente "molha" a cama durante o dia? A criança ou adolescente tem de fazer esforço abdominal para urinar ou o jato de urina é muito fraco? A criança ou adolescente sente dor durante a micção?	Sintomas diurnos podem indicar um distúrbio da bexiga, como bexiga hiperativa. Dor durante a micção pode indicar uma infecção do trato urinário. Realizar exame de urina. Se os sintomas diurnos forem severos: – Considerar avaliar, investigar e/ou encaminhar. – Considerar investigar e tratar os sintomas diurnos antes da enurese. – Isso pode raramente identificar um problema urológico subjacente.
Hábitos de toalete	
A criança ou adolescente evita usar certos banheiros, como os da escola? A criança ou adolescente vai ao banheiro com maior ou menor frequência que seus pares (demais crianças ou adolescentes)? Os sintomas diurnos acontecem apenas em certas situações?	Fornecer orientações, encorajando hábitos de toalete normais.
Ingestão de líquidos	
Quanto líquido a criança ou adolescente ingere durante o dia? Eles estão ingerindo menos líquidos em função da enurese? Os pais ou cuidadores restringem a ingestão de líquido por causa da enurese?	Ingestão de líquidos inadequada pode mascarar um problema de bexiga subjacente e pode impedir o desenvolvimento da capacidade vesical adequada. Fornecer orientações sobre ingestão de líquido.
Condições médicas	
Infecções do trato urinário e recorrência. Constipação ou escape de fezes (Encoprese). Diabetes melito Problemas neurológicos ou físicos. Dificuldades de desenvolvimento, atenção e aprendizado.	Em todos esses quadros, recomenda-se a avaliação mais detalhada da queixa, o que pode incluir o encaminhamento para profissionais especializados. A partir desta avaliação detalhada, cabe ao profissional de saúde analisar se de fato se trata de enurese. Em caso afirmativo, requer ponderar se tais casos necessitam de atendimento anterior ao de enurese, ou se podem ser empreendidos em paralelo.

Adaptado de National Institute for Health and Clinical Excellence (UK) (2010). Disponível em: http://www.nice.org.uk/nicemedia/live/13246/51382/51382.pdf

Estudos revelam que crianças com enurese geralmente compartilham de uma preocupação comum: que as pessoas ou colegas venham descobrir o fato de eles "molharem a cama". Isso pode levá-las a perder a confiança em si mesmas, isolarem-se, experienciarem baixa autoestima, alto nível de estresse, sentimento de culpa, vergonha, além de apresentarem problemas de comportamento (Butler, 1994; Coppola, Gaita, e Saraulli, 2011; De Bruyne et al., 2009; Warzak, 1993). Por considerarem o impacto psicológico trazido pela enurese à vida da criança portadora desse problema, von Gontard e colaboradores (2011) afirmam que urologistas, pediatras ou qualquer profissional que atue com crianças com incontinência, como é o quadro de enurese, devem ter uma compreensão básica sobre princípios psicológicos, como a compreensão empática e identificação de fatores relacionados a este transtorno, a fim de oferecer um tratamento adequado aos seus pacientes.

O profissional de saúde deve evitar realizar uma avaliação subjetiva da sintomatologia do paciente, sendo recomendado o uso de ferramentas padronizadas que permitam obter informações relevantes (Tokgöz et al., 2007). Neste sentido, para avaliação do impacto sentido pelo paciente, há algumas ferramentas que podem auxiliá-lo. Entre elas, podemos citar a Escala de Impacto, desenvolvida por Butler (1994), que tem como objetivo avaliar os impactos psicológico e não psicológico da enurese na perspectiva da criança ou adolescente. O paciente deve avaliar se concorda, se às vezes concorda ou se não concorda com 17 afirmações, como: Minha mãe tem roupa a mais para lavar. Sinto frio quando eu acordo. Meu quarto cheira mal. Tenho que tomar banho toda manhã. Tenho que evitar que meus amigos entrem em meu quarto. Não posso beber nada antes de ir para a cama. Tenho que arrumar minha própria cama. Tenho que ir para a cama cedo. Tenho que me levantar logo que acordo. Meu pai ou minha mãe fica bravo(a) comigo. Meu irmão ou minha irmã me provoca. Fico aborrecido por fazer xixi na cama. Tenho medo que alguém descubra. Sinto-me diferente dos meus amigos. É impossível dormir na casa dos meus amigos. Fica difícil trazer os meus amigos para dormir em casa. E não dá para pensar em fazer viagens da escola se tem de dormir fora.

Para a avaliação da presença de problemas de comportamentos que mereçam atenção clínica, pode-se solicitar aos pais ou responsáveis que preencham o "Inventário de Comportamentos de Crianças e Adolescentes entre 6 e 18 anos", versão brasileira do "Child Behavior Checklist" (CBCL – Achenbach e Rescorla, 2001), que é composto por 138 itens e permite avaliar as competências e os problemas emocionais/comportamentais que podem merecer investigações clínicas (Achenbach e Rescorla, 2001). Assim como nos quadros em que há uma condição médica associada, caso seja identificada alguma dificuldade emocional ou comportamental em comorbidade ao quadro de enurese, sugere-se uma avaliação detalhada da dificuldade, a fim de decidir se esta é merecedora de atenção primária ou se pode ser trabalhada paralelamente à intervenção para a enurese.

Histórico familiar

O histórico familiar inclui dados psicossociais relativos à dinâmica da família, relacionados e não diretamente relacionados com o distúrbio em questão.

De modo geral, a enurese também repercute negativamente na família do paciente. Estudos revelam que mães de crianças com esse problema apresentam alta proporção de sentimentos de aborrecimento, raiva e vergonha dos filhos (Ng e Wong, 2004), além de menor qualidade de vida (Egemen et al., 2008). Outros destacam o profundo impacto que a enurese pode acarretar e justificam a relevância de uma avaliação cuidadosa dos sintomas psicossociais no paciente e em sua família (Lawless e McElderry, 2001). Kanaheswari (2011) coloca que, embora a maioria dos pais se preocupe com os filhos que apresentam enurese, alguns deles mostram-se incomodados e intolerantes, podendo, inclusive, recorrer à punição física contra a criança, por culpabilizá-la pelo transtorno (Butler e Gasson, 2005).

Soares e colaboradores (2005) identificaram que a responsabilização da própria criança ou adolescente pelo descontrole miccional é uma característica comum no discurso dos familiares, que atribuem essa dificuldade à preguiça, à desobediência ou à uma provocação da criança com enurese. Em função disto, é importante que o profissional de saúde aborde a questão da enurese com a família sem emitir julgamentos, de modo a esclarecer que os episódios de "molhadas" não são culpa da criança (Edwin e Mikkelsen, 2009).

Assim, é interessante considerar as dificuldades emocionais e comportamentais apresentadas pela criança, bem como as atitudes parentais frente ao transtorno, para que concepções equivocadas sobre a origem e a causa do comportamento de molhar a cama não comprometam a adesão ao tratamento – uma vez que se responsabiliza a criança pelo comportamento, concebendo-o como voluntário, deve-se responsabilizá-la também por sua superação. Assim, é fundamental conhecer as motivações e atitudes do paciente e de sua família para iniciar e continuar o tratamento (Lawless e McElderry, 2001).

Ademais, segundo Butler, Brewin e Forsythe (1986), as atitudes dos pais em relação à enurese podem também influenciar o curso de tratamento, notadamente daqueles que exigem mais esforço familiar, como o tratamento com alarme de urina.

Considerando que a adesão representada não só pela presença aos atendimentos, mas também pelo seguimento dos procedimentos e orientações do profissional de saúde é essencial para o sucesso do tratamento, ações na direção de confrontar a crença dos pais de que a criança é responsável pela enurese são fundamentais para que comportamentos de incompreensão e desconforto sejam substituídos por comportamentos de empatia e solidariedade em direção à ajuda que a criança necessita.

Para compreender a atitude parental frente à enurese, o profissional de saúde pode aplicar a Escala de Tolerância, desenvolvida por Morgan e Young (1975). Esse instrumento tem como objetivo avaliar a tolerância/intolerância dos pais a partir de afirmações positivas ou negativas a 20 itens. São eles: Uma criança que molha a cama precisa de ajuda e compaixão. Se apenas ele(a) crescesse um pouco, nós não teríamos todo esse problema com camas molhadas. Molhar a cama não é realmente um grande problema. Crianças poderiam parar de se molhar se tentassem com bastante esforço. Eu já me acostumei com camas molhadas. Eu castigo meu filho(a) por molhar a cama. O xixi na cama geralmente desaparece sozinho. O xixi na cama de meu filho(a) é um incômodo para todos nós. Eu deixo que ele(a) veja que eu estou desapontado(a) quando ele(a) molha a cama. Molhar a cama não é nada mais do que um hábito sujo. Quando meu filho(a) molha a cama eu digo a ele(a) que não tem problema. Eu me preocupo mais com a felicidade do meu filho(a) do que com alguns lençóis a mais para lavar. Eu tento ajudá-lo(a) a não se aborrecer com o xixi na cama. É uma pena que molhar a cama impeça uma criança de fazer tantas coisas. Eu sinto pena de qualquer criança que molhe a cama. Um bom beijo nunca fez mal a nenhuma criança que molhe a cama e pode fazer muito bem. Eu não ligo de lavar lençóis molhados, porque a criança não tem culpa. Eu não sei por que meu filho(a) não consegue estar seco enquanto outras crianças conseguem. Eu tento fazer que meu filho(a) se dê conta de como seu xixi na cama é desagradável para os outros. E é muito embaraçoso ser alguém que molha a cama.

Outro fator pertinente em uma avaliação abrangente do caso trata-se da presença de estressores familiares que podem concorrer com a adesão ao tratamento, como doença na família e baixo nível socioeconômico.

Assim, a partir dos conhecimentos obtidos pela entrevista de anamnese e dos possíveis instrumentos de avaliação empregados (escalas e/ou inventários), o profissional de saúde obtém uma compreensão da situação atual do quadro, bem como dos aspectos históricos, psicológicos e médicos envolvidos. Deste modo, esse profissional pode realizar um prognóstico do quadro, que lhe permite selecionar a intervenção mais adequada, considerando possíveis motivações e dificuldades por parte da criança ou adolescente e de sua família. A exposição de tais conclusões pode ser esclarecedora para o paciente e seus responsáveis, favorecendo a adesão.

Pontos para lembrar

- A avaliação deve incluir tanto a criança ou adolescente como seus cuidadores.
- O profissional de saúde deve requerer informações suficientes para que possa identificar se os escapes de urina constituem um quadro de enurese, a fim de que assim possa selecionar a intervenção adequada e realizar o prognóstico do tratamento.
- Tópicos para considerar:
    1. anamnese – história pregressa de desenvolvimento, curso e apresentação atual do distúrbio;
    2. fatores psicossociais – atitude parental, estressores familiares e impacto sentido pelo paciente;
    3. presença de outros problemas emocionais ou de comportamento, que podem configurar quadros comórbidos.

Perguntas de revisão

1. Qual o procedimento prioritário na avaliação da queixa de enurese?
    a) Avaliação clínica (Entrevista de anamnese)
    b) Exames laboratoriais
    c) Avaliação clínica (Entrevista de anamnese) + Questionários (Escalas e Inventários)
2. Quais dos indicadores a seguir refere-se à severidade do quadro de enurese?
    a) Presença de escapes de urina noturnos
    b) Comorbidade
    c) Alta frequência de escapes de urina
3. Por que é importante investigar sobre o padrão de micção do paciente?
    a) Porque pode revelar urgência para urinar e histórico de pequenos escapes de enurese, o que sugere instabilidade ou pequena capacidade de bexiga
    b) Porque pode revelar urgência para urinar, o que sugere a presença de enurese secundária
    c) Porque pode revelar histórico de pequenos escapes, o que sugere a presença de infecções no trato urinário inferior

Respostas: 1. c 2. c 3. a

Referências

Achenbach, T. M., & Rescorla, L. A. (2001). *Manual for the ASEBA School-Age Forms & Profiles*. Burlington: University of Vermont, Research Center for Children, Youth, and Families.

Blankstein, K. R., & Segal, Z. V. (2006). Avaliação cognitiva: Processos e métodos. In K. S. Dobson, *Manual de terapias cognitivo-comportamentais* (2. ed., pp. 45-76). Porto Alegre: Artmed.

Brown, B. J., Habelt, S., Koral, K., Sacco, D., Herman, J. H., & Baker, L. A. (2010). Secondary nocturnal enuresis caused by central sleep apnea from Chiari malformation type 1. *Journal of Pediatric Urology, 6*(3), 265-269.

Brown, M. L., Pope, A. W., & Brown, E. J. (2011). Treatment of primary nocturnal enuresis in children: A review. *Child: care, health and development, 37*(2), 153-160.

Butler, R. J. (1994). *Nocturnal enuresis: The child's experience*. Oxford: Butterworth-Heinemann.

Butler, R. J., & Gasson, S. L. (2005). Enuresis alarm treatment. *Scandinavian Journal of Urology and Nephrology, 39*(5), 349-357.

Butler, R. J., & Heron, J. (2008). The prevalence of infrequent bedwetting and nocturnal enuresis in childhood. A large British cohort. *Scandinavian Journal of Urology and Nephrology, 42*(3), 257-264

Butler, R. J., Brewin, C. R., & Forsythe, W. I. (1986). Maternal attributions and tolerance for nocturnal enuresis. *Behaviour Research and Therapy, 24*(3), 307-312.

Coppola, G. C., Costantini, A., & Saraulli, M. G. D. (2011). Psychological correlates of enuresis: a case-control study on an Italian sample. *Pediatric Nephrology, 26*(10), 1829-1836.

De Bruyne, E., Van Hoecke, E., Van Gompel, K., Verbeken, S., Baeyens, D., Hoebeke, P., & Vande Walle J. (2009). Problem behavior, parental stress and enuresis. *The Journal of Urology, 182*(4 Suppl), 2015-2020.

Edwin, J., & Mikkelsen, M. D. (2009). Elimination Disorders. In M. Dulcan, *Dulcan's Textbook of Child and Adolescent Psychiatry* (pp. 1104). Arlington: American Psychiatric Publishing.

Egemen, A., Akil, I., Canda, E., Ozyurt, E. C., & Eser, E. (2008). An evaluation of quality of life of mothers of children with enuresis nocturna. *Pediatric Nephrology, 23*(1), 93-98.

Emerich, D. R., Sousa, C. R. B., & Silvares, E. F. M. (2011). Estratégias de enfrentamento parental e perfil clínico e sociodemográfico de crianças e adolescentes com enurese. *Revista Brasileira de Crescimento e Desenvolvimento Humano, 21*(2), 240-250.

Friman, P. C. (2008). Evidence-based therapies for enuresis and encopresis. In R. G. Steele, T. D. Elkin, & M. C. Roberts, *Handbook of evidence-based therapies for children and adolescents: Bridging science and practice* (pp. 311-333). New York: Springer.

Hjälmås, K., Arnold, T., Bower, W., Caione, P., Chiozza, L. M., von Gontard, A., et al. (2004). Nocturnal enuresis: An international evidence based management strategy. *The Journal of Urology, 171*(6 Pt 2), 2545-2561.

Hunskaar, S., Burgio, K., Diokno, A. C., Herzog, A. R., Hjälmås, K., & Lapitan, M. C. (2002). Epidemiology and natural history of urinary incontinence (UI). In P. Abrams, L. Cardozo, S. Khoury, & A. Wein, *Incontinence* (pp. 165-201). Paris: Health Publication.

Kanaheswari, Y. (2011). Knowledge, attitude and concerns among urban Malaysian parents of bedwetting children. *Journal of Tropical Paediatrics, 57*(2), 141.

Koff, S. A., Wagner, T. T., & Jayanthi, V. R. (1998). The relationship among dysfunctional elimination syndromes, primary vesicoureteral reflux and urinary tract infections in children. *The Journal of Urology, 160*(3 Pt 2), 1019-1022.

Lawless, M. R., & McElderry, D. H. (2001). Nocturnal enuresis: Current concepts. *Pediatrics in Review, 22*(12), 399-407.

Morgan, R. T., & Young, G. C. (1975). Parental attitudes and the conditioning treatment of childhood enuresis. *Behavior Research and Therapy, 13*(2-3), 197-199.

Nevéus, T. (2006). The evaluation and treatment of therapy-resistant enuresis: A Review. *Upsala Journal of Medical Sciences, 111*(1), pp. 61-71.

Nevéus, T. (2011). Nocturnal enuresis-theoretic background and practical guidelines. *Pediatric Nephrology, 26*(8), 1207-1214.

Nevéus, T., Von Gontard, A., Hoebeke, P., Hjälmas, K., Bauer, S., Bower, W., et al. (2006). The standardization of terminology of lower urinary tract function in children and adolescents: Report from the Standardization Committee of the International Children's Continence Society. *The Journal of Urology, 176*(1), 314-324.

Ng, C. F. N., & Wong, S. N. (2004). Primary nocturnal enuresis: Patient attitudes and parental perceptions. *Hong Kong Journal of Paediatrics, 9*(1), 54-58.

Nørgaard, J. P., van Gool, J. D., Hjälmås, K., Djurhuus, J. C., & Hellström, A. L. (1998). Standardization and definitions in lower urinary tract dysfunction in children. International Children's Continence Society. *British Journal of Urology International, 81*, 1-16.

Pereira, R. F. (2010). *Variáveis moderadoras do resultado da intervenção com alarme para a enurese noturna* (Tese de doutorado). Universidade de São Paulo, São Paulo.

Soares, A. H. R., Moreira, M. C. N., Monteiro, L. M. C., & Fonseca, E. M. G. O. (2005). A enurese em crianças e seus significados para suas famílias: Abordagem qualitativa sobre uma intervenção profissional em saúde. *Revista Brasileira de Saúde Materno Infantil, 5*(3), 301-311.

Spee-van der Wekke, J., Hirasing, R. A., Meulmeester, J. F., & Radder, J. J. (1998). Childhood nocturnal enuresis in The Netherlands. *Urology, 51*(6), 1022-1026.

Tokgöz, H., Tan, M. O., Sen, I., Ilhan, M. N., Biri, H., & Bozkırlı, I. (2007). Assessment of urinary symptoms in children with dysfunctional elimination syndrome. *International Urology and Nephrology, 39*(2), 425-436.

von Gontard, A., Baeyens, D., Van Hoecke, E., Warzak, W. J., & Bachmann, C. (2011). Psychological and psychiatric issues in urinary and fecal incontinence. *The Journal of Urology, 185*(4), 1432-1437.

Warzak, W. J. (1993). Psychological implications of nocturnal enuresis. *Clinical Pediatrics, 32*(1), 38-40.

6

Avaliação médica: exame físico, diário miccional e exames laboratoriais

ADRIENNE LEBL
VERA H. KOCH

Introdução

A enurese noturna pode ser monossintomática ou não monossintomática, isto é, enurese acompanhada por outros sintomas do trato urinário inferior, como: incontinência diurna, urgência, manobras de contenção, entre outros. A avaliação clínica, em ambos os casos, se inicia pela anamnese meticulosa e dirigida, como discutido no capítulo anterior. O diário miccional, constituído do registro por três dias não consecutivos do volume e do horário da ingesta de líquidos e das micções, faz parte desta avaliação (Nøgaard et al., 1998; Chase et al., 2010).

A maioria das crianças com enurese noturna monossintomática e não monossintomática apresentam exame físico normal, no entanto, o exame físico detalhado é essencial para o diagnóstico correto e posterior tratamento. O médico deve examinar o paciente cuidadosamente, afastando anormalidades anatômicas e neurológicas que possam ser a causa etiológica da enurese. Se for verificada qualquer alteração, provavelmente não se trata de um caso de enurese noturna isolada (Homsy e Austin, 2010).

A observação da marcha e a postura do paciente ao entrar no consultório médico já faz parte do exame físico. É importante observar: assimetria facial, padrão

> A maioria das crianças com enurese noturna monossintomática e não monossintomática apresentam exame físico normal.

> O médico deve examinar o paciente cuidadosamente, afastando anormalidades anatômicas e neurológicas

da fala, claudicações e perda de coordenação, todos estes, sinais de possível lesão neurológica.

A inspeção e palpação abdominal auxiliam na identificação de tumorações, hérnias, dilatação da bexiga ou distensão do cólon por conteúdo fecal.

Deve-se examinar com atenção especial a região dorsal e sacral, observando a existência de escoliose ou cifose, de assimetria de glúteos ou de cicatrizes cirúrgicas, como, por exemplo, correção de meningomielocele, assim como outros sinais de disrafismo espinhal oculto como: lipomas, tufos capilares, hemangiomas, depressões ou seios e assimetria do sulco interglúteo.

No exame retal: o tônus anormal, a ausência de sensibilidade perineal, a alteração do reflexo ano-cutâneo e a ausência do reflexo bulbocavernoso são muito sugestivos de enurese de etiologia neurogênica.

Nos pacientes do sexo masculino observar a genitália: posição e tamanho do meato uretral, excluir estenose uretral. No sexo feminino, avaliar possibilidade de ureter ectópico, ou seja, inserção do ureter fora do trígono vesical, portanto, fora da cavidade continente de urina, que leva quase sempre à incontinência urinária, mesmo após uma micção normal. Avaliar a presença de epispádia, má formação do sulco e do canal uretral, que faz com que a uretra se abra na face dorsal do pênis ou, no sexo feminino, no clitóris, com aspecto fendido ou bífido. Observar a presença de aderências labiais, que, por reter a urina, especialmente nas meninas com sobrepeso, podem levar ao falso diagnóstico de perda urinária. É importante atentar para a presença de escoriações e/ou sinais de abuso sexual.

No exame *dos membros inferiores, avaliar presença de* pé torto, pé equino, capacidade de apoiar o pé com o calcanhar estendendo as falanges para cima. Observar a massa muscular, o tônus, a sensibilidade, a força, os pulsos e os reflexos profundos das extremidades inferiores.

A pressão arterial, assim como o peso e a estatura, faz parte do exame físico, quando elevada pode sinalizar disfunção renal (Leclair e Héloury, 2010; Yeung et al., 2007).

Diário miccional

É o registro do hábito miccional do paciente em sua residência no decorrer de suas atividades diárias durante 24 horas por 3 dias não necessariamente consecutivos. O diário fornece informações sobre o volume da ingesta líquida, o número de micções, o volume urinário de cada micção e o volume urinário total, as perdas urinárias e os episódios de urgência. Ele é muito útil tanto no diagnóstico como na proposta de tratamento, pois fornece informações sobre as características individuais

MODELO DE EXAME FÍSICO DIRIGIDO

Nome: _____ Data de nascimento: _____

Exame físico:

_____ é uma criança de _____ anos e _____ meses do sexo feminino/masculino em bom estado geral com olhos _____ e cabelos _____ .

Presença de dismorfismos? _____ .

Estatura: _____ cm(p __%)   Peso: _____ kg(p__%)   IMC: _____ (p__%)

Pressão arterial: _____ mmHg   FC: _____ bpm

Pele: presença de lesões ( ) não ( ) sim, explique _____

Segmento cefálico: fácies atípica ( ) não ( ) sim, explique. _____

Pupilas: alterações ( ) não ( ) sim, explique _____

Movimentos extraoculares: alterações ( ) não ( ) sim, explique _____

Fundo de olho: alterações ( ) não ( ) sim, explique _____

Membranas timpânicas: alterações ( ) não ( ) sim, explique _____

Vias aéreas e orofaringe: alterações ( ) não ( ) sim, explique _____

Palato duro e dentição: alterações ( ) não ( ) sim, explique _____

Tireoide: alterações ( ) não ( ) sim, explique _____

Tórax e Ausculta pulmonar: alterações ( ) não ( ) sim, explique _____

Coração: alterações ( ) não ( ) sim, explique _____

Abdome: alterações ( ) não ( ) sim, explique _____

Genitália feminina: Tanner: M ___ /P ___

Região vulvovaginal: alterações ( ) não ( ) sim, explique _____

Clitóris: alterações ( ) não ( ) sim, explique _____

O acúmulo de urina no introito vaginal após secagem, na menina deitada na posição supina e com as pernas fletidas, sugere ureter ectópico.

Genitália masculina: alterações ( ) não ( ) sim, explique _____

(Continua)

Figura 6.1

Modelo de Exame Físico Dirigido.

Estagio puberal de Tanner: G _____ .
Não postectomizado ( ) Postectomizado ( ).
Diâmetro e localização do Meato uretral: alterações ( ) não ( ) sim, explique _____

Testículos: alterações ( ) não ( ) sim, explique _____

Reto: presença de fezes na roupa íntima.
Presença de prega anal: sim ( ) não ( ) _____
Recusado exame digital retal.
Reflexo ano-cutâneo: normal ( ) alterado ( ) _____
Sensibilidade perineal: normal ( ) alterada ( ) _____
Reflexo bulbo-cavernoso: normal ( ) ausente ( ) _____
Tônus de esfíncter retal: normal ( ) alterado ( ) _____
Mucosa retal: lisa ( ) alterada ( ) _____
Ampola retal: vazia ( ) cheia ( ) com fezes normais ( ) endurecidas ( ) _____
Extremidades: ( ) atrofia muscular ( ) deformações do pé (pé torto, pé equino).
Levantar e estender os pés apoiando somente no calcanhar ( ) sim ( ) não, explique

Reflexos profundos: normais ( ) alterados ( )
Força muscular: _____/5 + (avaliar todas as extremidades).
Região dorsal: alterações ( ) não ( ) sim, explique _____

Região sacral: alterações ( ) não ( ) sim, explique _____

Sistema neurológico: alterações ( ) não ( ) sim, explique _____

Pares cranianos II-XII alterações ( ) não ( ) sim, explique _____

Teste falange-narina normal ( ) alterado ( ) _____
Reflexos profundos: _____/2+.
Reflexos plantares: alterações ( ) não ( ) sim, explique _____

Função cerebelar: marcha com alterações ( ) não ( ) sim, explique _____

(Continua)

Figura 6.1 (continuação)
Modelo de Exame Físico Dirigido.

Impressão diagnóstica:
Plano de Tratamento.
Exames:
Medicamentos:
Orientações:

Figura 6.1 (continuação)
Modelo de Exame Físico Dirigido.

> **ATENÇÃO**
> **Exame físico**
> - Avaliação neurológica inclui pesquisa dos reflexos profundos, da sensibilidade e dos reflexos perianais e do períneo.
> - Palpação e pesquisa de malformações da porção inferior da coluna (exemplo: tufos capilares, protuberâncias).
> - Avaliação de genitália externa.

do paciente e sobre o meio ambiente em que vive. Através dele é possível quantificar o hábito urinário diurno e, eventualmente, noturno, as perdas urinárias e o volume de líquidos ingeridos. O diário miccional é um instrumento reprodutível mais confiável do que o relato do paciente ou de seus familiares.

O registro do hábito intestinal é muito importante, pois a impactação fecal e a formação de um fecaloma retal podem ser fatores causais importantes de enurese. O diário intestinal pode ser realizado em separado ou em conjunto com o diário miccional. A Sociedade de Incontinência Urinária tem recomendado a utilização da Escala de Bristol para avaliar o grau de constipação intestinal (Figura 6.9).

Caracterização da enurese noturna monossintomática e não monossintomática por meio das variáveis do diário miccional

Na enurese noturna monossintomática, o diário miccional é muito útil na quantificação do volume e da frequência das micções durante o dia, sugerindo se a enurese noturna é do tipo poliúrico ou não poliúrico, este último caracterizado por micções mais frequentes de volume menor. A presença de urgência ou incontinência diurna descarta o diagnóstico de enurese monossintomática. O número ou volume das micções noturnas sugere a presença de poliúria. Nas crianças, o volume da diurese noturna pode ser obtido por meio do peso das fraldas (descarta-se a última diurese antes de deitar e inclui-se a primeira urina da manhã). O International Children's Continence Society (ICCS) define poliúria noturna como: diurese noturna maior que 130% da capacidade vesical esperada para a idade do paciente. A fórmula para o cálculo da capacidade vesical esperada em crianças menores de 12 anos é [30 + (idade em anos x 30) mL]; acima de 12 anos, a capacidade vesical esperada é de 390 mL. Pacientes classificados como poliúricos noturnos, invariavelmente apresentaram noctúria ou enurese (Nevéus et al., 2006).

O volume e o horário da ingesta de líquidos ajudam a verificar se o paciente está seguindo as orientações de não beber líquidos 2 horas antes de deitar. Os dados sobre obstipação intestinal garantem que esta condição clínica está adequadamente tratada e não interfere no tratamento da enurese.

Embora o termo enurese seja utilizado para descrever a incontinência urinária noturna intermitente com ou sem incontinência urinária intermitente diurna, é notório que se trata de duas situações clínicas com patogênese e tratamentos diferentes.

A enurese não monossintomática apresenta diferentes manifestações clínicas dependendo das comorbidades associadas. Ela pode estar associada à síndrome de urgência miccional, caracterizando-se por micções diurnas frequentes de menor volume e episódios de vontade súbita e inesperada de urinar, associada ou não à perda urinária, que pode ser em grande ou pequena quantidade. A etiopatogenia é determinada pela hiperatividade idiopática do detrusor na fase de enchimento vesical. A síndrome de urgência ou hiperatividade da bexiga é a mais frequente das incontinências urinárias diurnas, segundo alguns autores, determinando até 75% dos casos.

A enurese associada à disfunção vesical se caracteriza por perdas urinárias, incontinência por urgência ou transbordamento vesical. A etiopatogenia é determinada pela contração do esfíncter uretral na fase de esvaziamento vesical. Isso causa o esvaziamento incompleto da bexiga e as consequentes infecções urinárias. Dependendo da evolução da patologia, o grau de dilatação da bexiga e a perda progressiva de contração vesical variam as manifestações clínicas.

Acredita-se também que a disfunção vesical seja decorrente da resposta exacerbada do esfíncter vesical na tentativa de inibir o reflexo do músculo detrusor vesical.

A disfunção vesical pode estar associada tanto à bexiga hipoativa como à hiperativa, as manifestações clínicas envolvem urgência com ou sem perdas urinárias ou retenção urinária.

Enurese noturna

Tabela 6.1 DIÁRIO MICCIONAL
VARIÁVEIS NA ENURESE NOTURNA MONOSSINTOMÁTICA E NÃO MONOSSINTOMÁTICA

	Nº de micções/dia	Volume	Urgências	Perdas diurnas	Volume das perdas	Nº de micções/ noite	Constipação
Enurese noturna monossintomática	até 8 x/dia (nl)	normal	não	não	Grande vol. (noturnas)	1 ou >	sim/não
Enureses não monositnomáticas:							
1. Síndrome de urgência	> 8 x/dia	diminuído	sim	sim/não	Grande vol. (diurnas)	0 ou +	sim/não
2. Disfunção miccional	< 3 x/dia	aumentado	sim/não	sim/não	Pequeno vol. (diurnas)	0 ou +	sim/não

Exames laboratoriais

Para a investigação de enurese noturna monossintomática é suficiente a realização do exame de **urina tipo 1**. Por meio dele, podem-se excluir dois diagnósticos diferenciais: diabetes insípido e diabetes melito. A densidade urinária menor ou igual a 1.005 sugere diabetes *insipidus* (valor normal para densidade urinária: 1.020, que corresponde a osmolalidade maior ou igual a 750 mOsm/kg – primeira urina da manhã após 12 horas de jejum).

Normalmente a urina não apresenta açúcares, a presença de glicosúria sugere diabetes melito. A suspeita é confirmada se associada à glicemia maior de 125 mg/dL no sangue, após 8 horas de jejum (valores normais de glicemia para crianças de 1 semana a 16 anos: 60-105 mg/dL, que correspondem a 3,3-5,8 mmol/L. Hiperglicemia: glicemia sérica > 125 mg/dL).

O achado de nitritos e/ou bactérias e/ou leucocitúria sugere infecção urinária, tornando obrigatória a solicitação de urocultura.

A infecção urinária em pacientes com enurese noturna deve ser cuidadosamente investigada, inclusive com exames de imagem, não caracterizando enurese noturna monossintomática.

> **! ATENÇÃO**
>
> Avaliação diagnóstica de enurese noturna monossintomática
>
> - Urina tipo 1.
> - Urocultura, se a Urina tipo 1 apresentar Nitritos, leucocitúria ou presença de bactérias.

Os pacientes com enurese noturna não monossintomática (associada à incontinência diurna) são classificados como portadores de disfunção miccional e precisam de uma investigação laboratorial mais extensa (Chang e Yang, 2008).

Avaliação diagnóstica de pacientes com enurese não monossintomática

- Urina tipo 1.
- Urocultura.

- Calciúria: relação cálcio creatinina em amostra isolada de urina ou calciúria de 24 horas (pode ser o agente etiológico da enurese).
- Dosagem sérica de ureia, creatinina, eletrólitos (para excluir lesão renal preexistente).
- Ultrassom de vias urinárias (para mensurar o resíduo miccional, espessura da parede vesical e afastar anormalidades do trato urinário).
- Ultrassom abdominal (para avaliação da gravidade da obstipação, como impactação fecal).
- Urofluxometria.
- Urodinâmica, se indicado.

Exames diagnósticos

Ultrassom de vias urinárias

Este exame não invasivo avalia a presença de malformações das vias urinárias e ajuda a determinar o volume residual pré e pós-miccional. É muito útil na determinação da capacidade vesical e no diagnóstico de pacientes retentores.

O ultrassom também fornece outras informações importantes: espessura da parede vesical, dilatação ureteral inferior, aspecto do colo vesical e presença e gravidade da obstipação. A presença de resíduo vesical maior de 20 mL em mais de um exame sugere disfunção vesical.

Urofluxometria

Este exame avalia o fluxo miccional quantitativa e qualitativamente. O paciente urina num equipamento (semelhante a um vaso sanitário) com sensores elétricos que fazem um registro continuo da velocidade do fluxo. A contração do músculo detrusor, a pressão abdominal e a eliminação vesical geram uma curva que fornece informações sobre a velocidade e quantidade do fluxo miccional. Em crianças com micção normal, a curva é suave e tem formato de "sino", naquelas com síndrome de urgência – em que a hiperatividade da bexiga provoca contrações vesicais explosivas – a curva tem maior amplitude e menor duração, e é descrita como "curva em torre". Nos pacientes com disfunção miccional – contração do esfíncter na fase de esvaziamento vesical – a curva apresenta picos e quedas bruscas, sendo descrita como "curva de fluxo tipo *staccato* ou fracionada".

Como os protocolos de urofluxometria não são baseados em evidência, mas avalizados por um consenso de especialistas em experiência clínica, a ICCS recomenda repetir a urofluxometria pelo menos 3 vezes, com o paciente bem hidratado, antes de diagnosticar uma curva alterada. Uma curva normal é suficiente para afastar disfunção miccional (Kanematsu et al., 2010).

Descrição das curvas obtidas pela urofluxometria

Segundo a ICCS (2006), o Fluxo Máximo (Qmax) é a principal variável para avaliar a capacidade de eliminação da bexiga.

Se a raiz quadrada da medida do Fluxo Máximo (mL/s) for igual ou maior do que o Volume Urinado (mL), o Fluxo Máximo está dentro da faixa da normalidade.

$\sqrt{Qmax(mL/s)}$ Volume urinado → Qmax: valor normal.

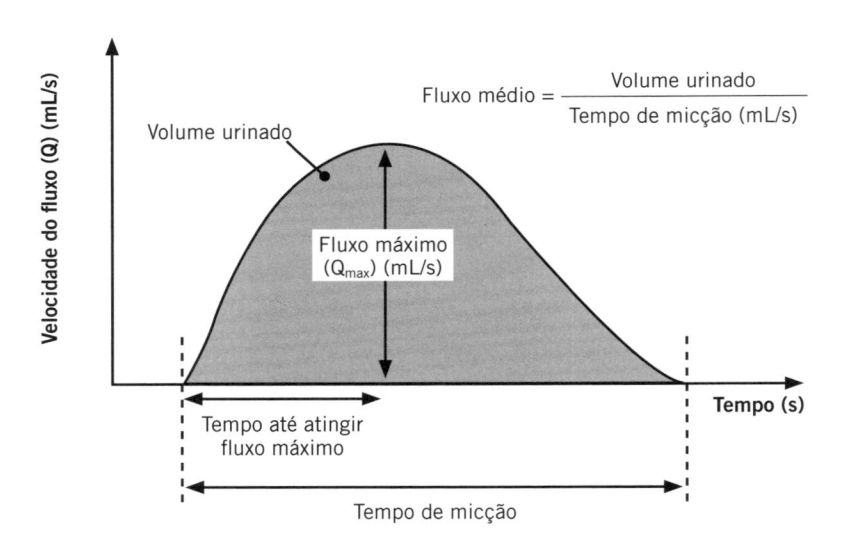

Figura 6.2

Registro do fluxo urinário segundo nomenclatura da ICCS (1998).

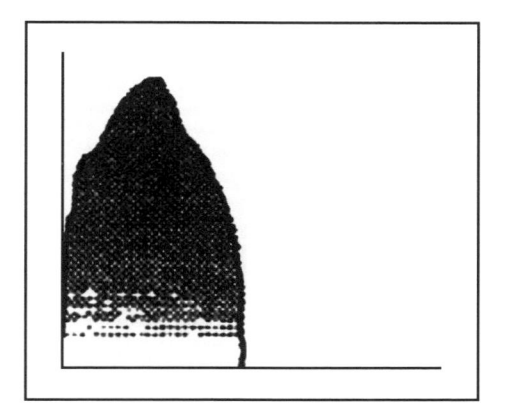

Figura 6.3
Curva suave em formato de "sino". Sugere contratilidade detrusora normal.

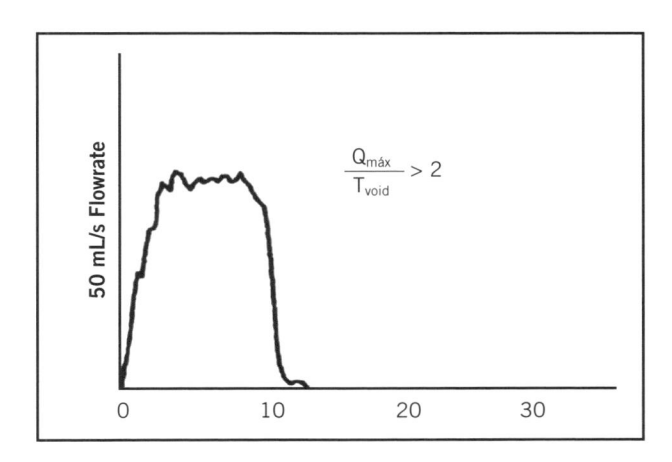

Figura 6.4
Curva em "torre", curva de grande amplitude e curta duração. Sugere hiperatividade detrusora.

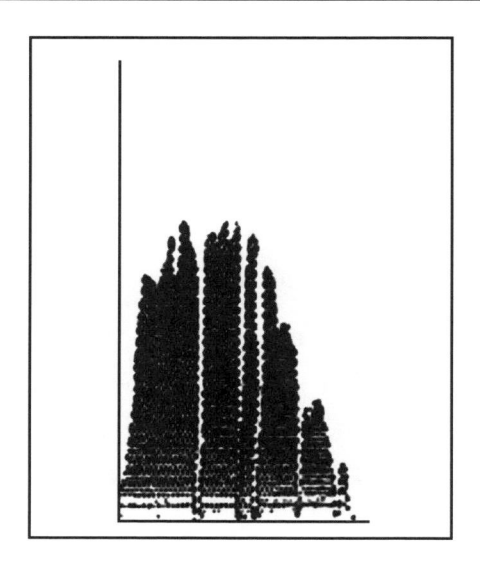

Figura 6.5

Curva "fracionada" ou "interrompida", esta curva apresenta picos moderados, correlacionados com o esforço abdominal, e quedas até o eixo axial horizontal, que representam os períodos sem fluxo urinário.(Q=0 mL/s).

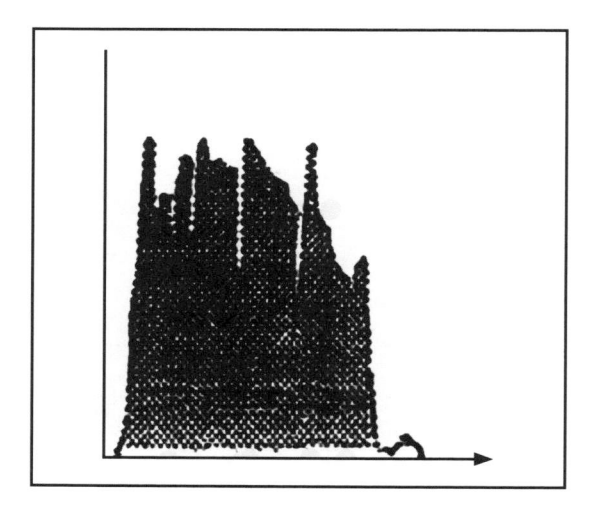

Figura 6.6

Curva em *staccato*, curva com picos agudos e quedas abruptas. Deve apresentar pelo menos uma queda > √ Qmax (mL/s).

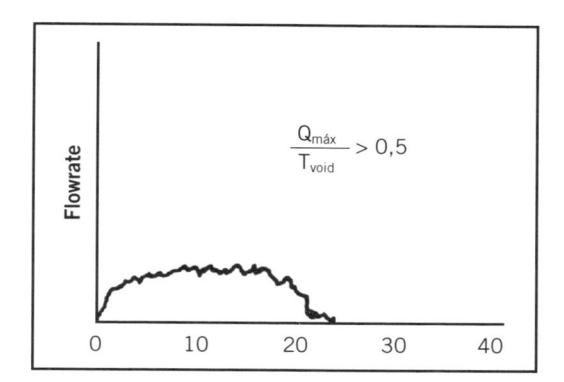

Figura 6.7
Curva em *plateau*, curva de baixa amplitude e fluxo regular. Sugere obstrução orgânica à micção.

Estudo urodinâmico

É um exame invasivo que tenta reproduzir os sintomas do paciente para registrar e medir as variáveis fisiológicas da função vesico-uretral e, desta maneira, diagnosticar e definir um tratamento adequado. A indicação do estudo urodinâmi-

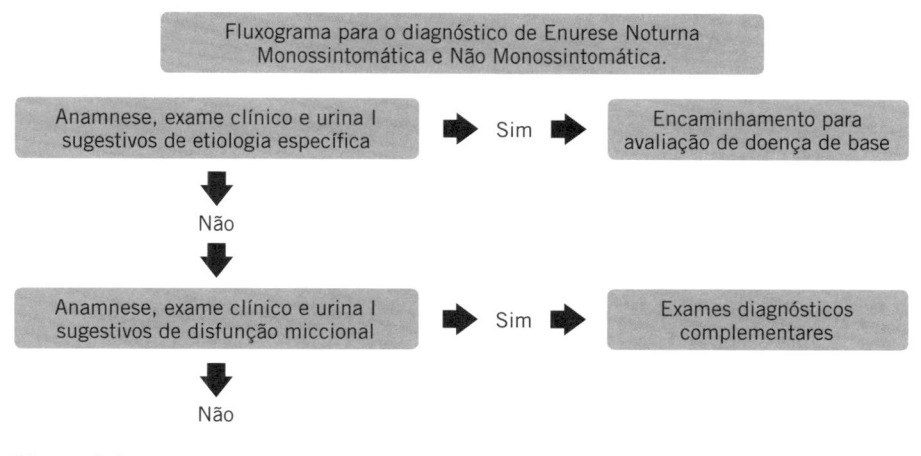

Figura 6.8
Enurese noturna monossintomática.
Vijverberg et al., 2011.

co é restrita. A tendência atual é basear o diagnóstico em exames menos invasivos e só indicar exames mais invasivos em situações pontuais, como na avaliação da bexiga neurogênica e da micção disfuncional, nesta última, quando o manejo clínico baseado em exames menos invasivos se mostra falho.

Day 1 Date ____________

	Bladder	Bowel	Intake
7:00 am			
8:00 am			
9:00 am			
10:00 am			
11:00 am			
12:00 am			
1:00 am			
2:00 am			
3:00 am			
4:00 am			
5:00 am			
6:00 am			
7:00 am			
8:00 am			
9:00 am			
10:00 am			
11:00 am			
overnight			

Day 2 Date ____________

	Bladder	Bowel	Intake
7:00 am			
8:00 am			
9:00 am			
10:00 am			
11:00 am			
12:00 am			
1:00 am			
2:00 am			
3:00 am			
4:00 am			
5:00 am			
6:00 am			
7:00 am			
8:00 am			
9:00 am			
10:00 am			
11:00 am			
overnight			

Day 3 Date ____________

	Bladder	Bowel	Intake
7:00 am			
8:00 am			
9:00 am			
10:00 am			
11:00 am			
12:00 am			
1:00 am			
2:00 am			
3:00 am			
4:00 am			
5:00 am			
6:00 am			
7:00 am			
8:00 am			
9:00 am			
10:00 am			
11:00 am			
overnight			

Coding

V = Void
W = Wet
U = Urge
L = Leakage
P = Postponing void

Comments: ____________

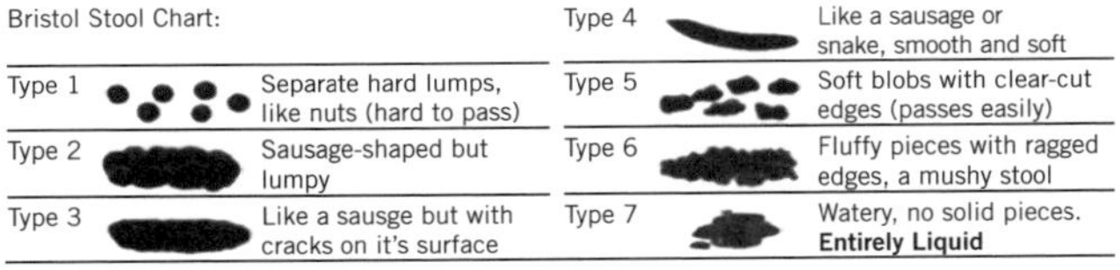

Figura 6.9

Diário Miccional com Escala de Bristol.

Perguntas de revisão

1. Criança do sexo masculino apresenta enurese noturna isolada primária. Qual das seguintes alternativas ele tem mais probabilidade de apresentar:
   a) Obstrução do esfincter vesical.
   b) Disrafismo espinhal oculto.

c) Infecção do trato urinário.
d) Antecedentes familiares positivos.
e) Sono não REM alterado.

2. Criança do sexo masculino de 7 anos de idade com diagnóstico de Enurese Noturna Monossintomática. A anamnese, além de referir enurese noturna, não apresenta nada digno de nota. O exame físico é normal. Antes de discutir a terapia, qual é o exame inicial mais útil a ser solicitado?
   a) Urina Tipo I.
   b) Ultrassom de vias urinárias.
   c) Eletrólitos séricos.
   d) Urocultura.
   e) Uretrocistografia Miccional.

3. Menina de 5 anos de idade. Nunca está "seca", a calcinha está sempre úmida. Qual diagnóstico está excluído?
   a) Ureter ectópico.
   b) Distúrbio Miccional.
   c) Aderência Labial.
   d) Bexiga neurogênica.
   e) Enurese noturna.

Respostas: 1. d   2. a   3. e

Referências

Bael A, Lax Hildegard, de Jong Bael, A., Lax, H., de Jong, T. P., Hoebeke, P., Nijman R. J., Sixt, R, et al. (2008). The relevance of urodynamic studies for urge syndrome and dysfunctional voiding: A multicenter controlled trial in children. *The Journal of Urology, 180*(4), 1486-1495.

Chang, S. J., Yang, S. S. (2008). Inter-observer and intra-observer agreement on interpretation of uroflowmetry curves of kindergarten children. *Journal of Pediatric Urology, 4*(6), 422-427.

Chase, J., Austin, P., Hoebeke, P., McKenna, P., & International Children's Continence Society. (2010). The management of dysfunctional voiding in children: A report from the Standardisation Committee of the International Children's Continence Society. *The Journal of Urology. 183*(4), 1296-1302.

Hoebeke, P., Bower, W., Combs, A., De Jong, T., & Yang, S. (2010). Diagnostic evaluation of children with daytime incontinence. *The Journal of Urology, 183*(2), 699-703.

Homsy, Y. L., & Austin, P. F. (2007). Dysfunctional voiding disorders and nocturnal enuresis. In S. T. Docimo, D. A. Canning, & A. E. Khoury, *The Kelalis-King-Belman textbook of clinical pediatric urology* (5th ed., pp. 345-365). London: Informa Healthcare.

Kanematsu, A., Johnin, K., Yoshimura, K., Okubo, K., Aoki, K., Watanabe, M., et al. (2010). Objective patterning of uroflowmetry curves in children with daytime and nighttime wetting. *The Journal of Urology, 184*(4 Suppl), 1674-1679.

Leclair, M. D., & Héloury, Y. (2010). Non-neurogenic elimination disorders in children. *Journal of Pediatric Urology, 6*(4), 338-345.

Nazir, R., & Schonwald, A. (2009). Urinary function and enuresis. In W. Carey, A. Crocker, & W. A. E. Coleman, *Developmental-behavioral pediatrics* (4th ed., chapter 62). Philadelphia: Saunders.

Nevéus, T., Von Gontard, A., Hoebeke, P., Hjälmås, K., Bauer, S., Bower, W., et al. (2006). The standardization of terminology of lower urinary tract function in children and adolescents: Report from the Standardization Committee of the International Children's Continence Society. *The Journal of Urology, 176*(1), 314-324.

Nørgaard, J. P., van Gool, J. D., Hjälmås, K., Djurhuus, J. C., & Hellström, A. L. (1998). Standardization and definitions in lower urinary tract dysfunction in children. International Children's Continence Society. *British Journal of Urology International, 81*, 1-16.

Vijverberg, M. A., Klijn, A. J., Rabenort, A., Bransen, J., Kok, E. T., Wingens, J. P., & de Jong, T. P. (2011). A comparative analysis of pediatric uroflwmetry curves. *Neurourology and Urodynamic, 30*(8), 1576-1579.

Yeung, C. K., Jennifer, D. Y., & Bauer SB. (2007). Voiding dysfunction in children: Non--neurogenic and neurogenic. In A. J. Wein, & L. R. Kavoussi, *Wein: Campbell-Walsh urology* (9th ed., chapter 123). St. Louis: Saunders.

7
Tratamento com alarme: como fazer

RODRIGO FERNANDO PEREIRA

Introdução

Este capítulo descreve o tratamento da enurese com uso de alarme, uma das intervenções de primeira linha de acordo com a literatura internacional. São apresentadas as indicações, os principais resultados, os mecanismos de funcionamento e a forma de aplicação do tratamento.

O tratamento com alarme é uma intervenção psicológica baseada em condicionamento que consiste no uso, por parte da criança ou adolescente com enurese, de um aparelho composto por duas partes: um sensor de urina e uma unidade despertadora. Existem dois tipos de alarme: um usado na cama, em que o sensor de urina é colocado sobre o colchão e a unidade despertadora ao lado da cama. Outro, usado no corpo, em que o sensor de urina e a unidade despertadora são afixados na roupa da criança. No primeiro tipo, a unidade despertadora emite um som e pode emitir luz. No segundo, o alarme pode, além de emitir som e luz, também ser vibratório. A função do alarme é fazer com que a criança desperte assim que a micção se inicia. O resultado esperado é que, com algumas semanas de uso do alarme, a criança ou adolescente passe a acordar antes do início da micção ou consiga ter controle durante o sono, seja pela redução da produção de urina, seja pelo aumento da capacidade vesical.

O tratamento com alarme foi introduzido nos Estados Unidos por Mowrer e Mowrer em 1938, classificando-se como uma das intervenções psicológicas mais antigas e utilizadas da história, permanecendo eficaz até os dias atuais (Forsythe e Buttler, 1989). Mesmo assim, o alarme levou muito tempo para se popularizar. Nos anos de 1950, ainda era recomendado que os pais aguardassem que a enurese cessasse com o tempo – recomendação que ainda é ouvida nos dias de hoje – e mesmo nos anos de 1980, apenas 3% dos pediatras americanos indicavam o alarme. Não há dados sobre a abrangência do uso de alarmes no Brasil, mas a experiência clínica mostra que apenas poucos centros especializados o empregam, enquanto a maioria dos profissionais de saúde desconhece a sua existência, e, mesmo aqueles que o conhecem, geralmente não sabem como utilizá-lo ou quando indicá-lo.

> O alarme é considerado tratamento de primeira linha para a enurese.

O alarme leva à remissão da enurese em 65% das crianças tratadas (Buttler e Gasson, 2005). Uma vez que esse índice de eficácia foi obtido por meio da análise de dezenas de estudos ao longo deste e do último século, a Sociedade Internacional de Continência da Criança (ICCS) atribui a essa modalidade de tratamento o grau IA de evidência e recomendação, o mais alto possível (Hjalmas et al., 2004).

Os estudos de revisão mostram ainda que a associação de treino de retenção para aumento da capacidade da bexiga não melhora o resultado do tratamento com alarme. O alarme apresenta resultados semelhantes ao da desmopressina e superiores aos da imipramina ou placebo. A combinação do alarme com medicamentos como a imipramina e a desmopressina não é superior ao tratamento com o alarme isoladamente (Glazener et al., 2003). Não há diferenças entre os tipos de alarme, bem como entre alarmes sonoros e vibratórios (Buttler e Gasson, 2005). Há alguma contradição entre o quanto o número de episódios ajuda ou atrapalha a obtenção do sucesso no tratamento. Enquanto Moffat e Cheang (1995) afirmam que um número maior de episódios é prejudicial, Kristensen e Jensen (2003) defendem que mais episódios levam a um melhor resultado do tratamento. Já a possibilidade de recaída é de 40%, taxa que é reduzida para 10% quando a prevenção de recaída é realizada (Houts, 2010).

Embora seja o tratamento consolidado mais antigo para a enurese noturna, ainda não se tem clareza sobre o porquê do funcionamento do alarme. Butler e colaboradores (2007) propõem uma série de hipóteses, como:

a) alteração de fatores motivacionais;
b) condicionamento por esquiva ativa;
c) contração muscular condicionada;
d) aumento do volume máximo urinado;
e) redução da produção noturna de urina, pelo aumento da produção de vasopressina.

Os autores mostram que parece haver uma redução na quantidade de volume urinado após o uso do alarme, mas o número reduzido de participantes em seu estudo não permite uma conclusão sólida.

Quando escolher o alarme?

O alarme é considerado um tratamento de primeira linha, devendo, então, estar entre as primeiras opções terapêuticas para a enurese. Sua maior vantagem é ser curativo. Por outro lado, sua maior desvantagem é exigir, da família, tempo e motivação. Altos índices de desistência podem ser esperados, especialmente quando se tratar de enurese não monossintomática (Buttler e Gasson, 2005). Desta forma, o alarme deve ser escolhido quando tanto os pais quanto a criança ou adolescente com enurese estiverem motivados para o tratamento e conscientes das dificuldades que o tratamento com alarme oferece. Quando essa motivação não existe, deve-se considerar uma alternativa medicamentosa ou até mesmo o adiamento do tratamento até o momento em que a família esteja disposta a realizá-lo corretamente. Quando uma família está desmotivada, é preciso considerar que há menor chance de sucesso e por isso as dificuldades devem ser pesadas com os possíveis ganhos para se decidir a melhor conduta a ser tomada.

> A motivação tanto dos pais como da criança ou adolescente com enurese é fundamental para a indicação e o sucesso do tratamento com alarme.

Como realizar o tratamento?

Informação da família

Antes do tratamento, a família deve ser informada tanto dos possíveis ganhos como das dificuldades envolvidas no tratamento com o alarme. É importante ressaltar que, embora cerca de dois terços das crianças e adolescentes tratados com alarme obtenham sucesso, um terço delas realiza corretamente o tratamento e mesmo assim a enurese persiste. Outro ponto a ser abordado é a possibilidade de recaída, associado à importância de se realizar a prevenção de recaída. Por fim, deve-se listar com os pais e a criança ou adolescente os ganhos e os esforços necessários ao longo do tratamento, a fim de verificar se há de fato motivação para o uso do alarme. Nesse ponto, é importante levar em consideração a severidade da enurese do paciente em questão, já que o tratamento de uma criança que tem vários episódios em uma noite é muito mais desgastante do que o de uma criança que tem poucos episódios por semana.

Utilização do alarme e procedimentos complementares

O alarme deve ser utilizado diariamente pela criança durante todo o período de tratamento. Crianças menores precisarão de mais ajuda dos pais para procedimentos que elas terão dificuldade em executar sozinhas, como, por exemplo, trocar o lençol da cama. Já crianças mais velhas e adolescentes conseguirão assumir a responsabilidade pela maior parte das tarefas envolvidas no uso do alarme. Isso não significa que os pais não devem acompanhá-los, tanto para verificar se os procedimentos estão sendo realizados corretamente como para elogiar e fortalecer as atitudes adequadas frente ao tratamento. A rotina da criança ou adolescente em uma noite típica de tratamento com alarme é a seguinte:

> A responsabilidade sobre os procedimentos do tratamento devem ser divididas entre os pais e a criança ou adolescente com enurese.

1. Antes de dormir:
   a) a criança deve urinar antes de ir para a cama;
   b) o alarme deve ser afixado na roupa (no caso do alarme usado no corpo), ou colocado na cama (no caso do modelo usado na cama);
   c) o alarme deve ser ativado pela criança;
2. Quando o alarme toca:
   a) a criança deve acordar e desligá-lo;
   b) quando a criança não acorda com o alarme, os pais devem acordá-la e solicitar que ela desligue o alarme;
   c) com o auxílio dos pais, a criança deve ir até o banheiro e terminar de urinar;
   d) com o auxílio dos pais, a criança deve trocar de roupa;
   e) com o auxílio dos pais, a criança deve trocar a roupa de cama;
   f) com o auxílio dos pais, a criança deve levar a roupa suja para um local previamente estabelecido;
   g) a criança deve ativar novamente o alarme antes de voltar a dormir.
3. No caso de um novo episódio, os procedimentos do item 2 devem ser repetidos.

Houts e Liebert (1984) listaram pontos adicionais a serem realizados pela família no tratamento com alarme. Esses pontos podem inclusive ser estabelecidos por escrito com os participantes:

a) deve haver concordância em relação à realização do tratamento por pelo menos três meses;
b) um registro contendo informações sobre os episódios deve ser preenchido (Quadro 7.1);
c) uma hora específica para que a criança ou adolescente vá para a cama deve ser estabelecida em comum acordo;
d) os pais concordam em não reclamar do tratamento ou punir a criança ou adolescente pelos episódios, além de elogiá-la pelos progressos;
e) não deve ser realizada nenhuma restrição à ingestão de água, embora líquidos diuréticos ou irritantes vesicais (chocolate, refrigerantes, frutas cítricas, café, chás) devam ser evitados no período noturno;
f) os pais devem prover trocas de roupas e lençóis para o caso da ocorrência de um episódio de enurese;
g) apenas a criança ou adolescente deve tocar no alarme: ela é responsável por ligá-lo e desligá-lo todas as noites;
h) um dos pais deve ser responsável por acordar a criança ou adolescente caso ela não acorde imediatamente com o alarme;
i) a prevenção de recaída deve ser utilizada assim que a criança atingir 14 noites consecutivas sem episódios.

Acompanhamento

O ideal é que o acompanhamento do tratamento com alarme seja realizado por um profissional de saúde que tenha tempo e disponibilidade para verificar a fundo se os procedimentos estão sendo realizados corretamente e tire as dúvidas da família. O acompanhamento pode ser realizado tanto presencialmente como por telefone (Pereira et al., em produção). Geralmente, mesmo que o acompanhamento seja realizado por telefone, devem ocorrer contatos presenciais antes da introdução do alarme, para que o profissional possa explicar claramente o seu funcionamento e tirar as dúvidas da família. Não está ainda claro se o acompanhamento a distância é eficaz para crianças que tenham problemas de comportamento ou outras dificuldades psicológicas, sendo que, nesses casos, talvez seja mais prudente realizar o acompanhamento com encontros presenciais.

Quadro 7.1
Registro de episódios de enurese (14 noites)

Data	Dia da semana	Número de episódios	Horários dos episódios	Quantidade de urina em cada episódio

O acompanhamento, independentemente da sua realização ser por meio de contatos presenciais ou telefônicos, deve explorar os seguintes pontos (Silvares et al., 2007):

a) observação ou levantamento das informações do registro escrito, questionamento de informações confusas, questionamento de anotações extras;
b) verificação do seguimento das instruções gerais;
c) interrogação dos motivos de não seguimento das instruções, tais como acordar a criança no meio da noite para levá-la ao banheiro, não usar o alarme, não ajudar a criança a levantar quando o alarme é disparado;
d) identificação e assinalamento dos sinais de progressos, tais como acordar mais rápido com o alarme, manchas menores, acionamento do alarme mais próximo da hora de acordar, diminuição do número de episódios por noite, noites sem episódios, número de noites seguidas sem episódios;
e) busca de soluções para as dificuldades e acompanhamento das estratégias propostas nos contatos subsequentes. Exemplos: se a criança desliga

o alarme e volta a dormir, uma solução seria colocar o alarme em uma posição que dificultasse esse tipo de estratégia. Se a criança não consegue acordar com o alarme porque vai dormir muito tarde vendo filmes, uma possível solução seria disponibilizar uma forma de gravá-los;
f) discussão buscando a identificação de fatores que, em cada caso individual, poderiam facilitar o seguimento dos procedimentos do alarme: existir luz acesa, dormir cedo, dormir tranquilo sem outras preocupações;
g) acompanhamento de procedimentos adicionais, como a restrição de líquidos;
h) discussão de dúvidas;
i) avaliação da motivação e das expectativas tanto da criança quanto dos responsáveis e intervenção, quando necessário;
j) discussão de resistências ao uso do alarme apresentadas pelas crianças e manifestadas pelos pais.

Principais dificuldades no uso do alarme

Ao longo do tratamento, é possível surgirem algumas dificuldades que podem comprometer o seu resultado, de modo que o profissional responsável pelo acompanhamento deve estar atento à sua ocorrência. O mais crítico é a criança não acordar com o alarme, ou demorar demais para despertar. Nesses casos, os pais devem ser orientados a deixar as portas dos quartos abertas para que eles possam ouvir o alarme tocando e despertar a criança o mais rápido possível – ressaltando que, mesmo nessa situação, é a criança que deve desligar o alarme.

Outro problema comum são os alarmes falsos. O alarme é sensível à umidade e pode ser acionado pelo suor ou até saliva (no caso do modelo usado na cama). Quando o alarme toca num outro momento que não o da micção, o processo de condicionamento fica comprometido. Por isso, é importante que a criança durma com roupas leves nos dias de calor, e o alarme seja posicionado de forma que não tenha contato com a saliva.

O que pode também ocorrer é o uso inadequado do alarme. A criança pode esquecer-se de ligá-lo ou desligá-lo ao molhar a cama e voltar a dormir. Pode ocorrer também de os pais burlarem o tratamento não colocando o alarme na criança ou na cama todas as noites. Por isso é importante, no acompanhamento, conversar tanto com os pais como com a criança ou adolescente para ter uma visão mais ampla de como o tratamento está sendo feito. Caso algum desses problemas seja detectado, deve-se avaliar com a família a motivação para o tratamento e informá-la de que o tratamento dificilmente trará os resultados esperados a menos que os procedimentos sejam seguidos corretamente.

Avaliação do tratamento

Após dois ou três meses de uso do alarme, o tratamento deve ser avaliado (Nevéus et al., 2010). Os critérios para detectar evolução no controle miccional são a frequência dos episódios, o intervalo entre eles e o volume de urina na roupa ou na cama. Muitas crianças já terão obtido um aumento na frequência de noites sem episódios nesse momento do tratamento, tornando simples a verificação da eficácia do tratamento. No entanto, muitas outras podem continuar apresentando episódios com a mesma frequência, especialmente aquelas que urinam na cama todas as noites. Nesses casos, mesmo que a criança ou adolescente ainda não consiga ter noites secas, ela pode postergar com sucesso os episódios até o fim da noite ou urinar muito pouco e despertar rapidamente com o alarme. Caso essas evoluções estejam sendo observadas, o tratamento deve ser continuado até que se obtenha sucesso inicial (14 noites secas consecutivas). Caso contrário, o tratamento deve ser interrompido.

Prevenção de recaída

Quando a criança obtém 14 noites secas consecutivas, o tratamento é considerado bem-sucedido e é realizado o procedimento de prevenção de recaída, que consiste na ingestão de líquido antes de deitar-se a fim de aumentar a capacidade de controle durante a noite, mantendo o uso do alarme e os demais procedimentos. A quantidade de líquido ingerida varia de acordo com o volume máximo urinado esperado de acordo com a idade do participante, conforme aponta a Tabela 7.1 a seguir.

> A prevenção de recaída reduz a chance de recorrência do problema de 40 para 10% dos casos.

Inicia-se a prevenção de recaída com a quantidade inicial de acordo com a idade. A cada duas noites secas seguidas, a quantidade é elevada em 50 mL, até a quantidade máxima de acordo com a idade. Caso ocorra um episódio, repete-se a quantidade da noite anterior, sem nunca reduzir a quantidade. É esperado que a criança apresente episódios de enurese durante a prevenção de recaída, mas, caso esse número seja alarmante (três ou mais por semana), deve-se suspender o procedimento. Quando a criança atinge mais 14 noites sem episódios durante a prevenção de recaída, o tratamento é encerrado.

Tabela 7.1 QUANTIDADES INICIAIS E FINAIS DE LÍQUIDOS ADMINISTRADAS NA SUPERAPRENDIZAGEM

Idade (em anos)	Quantidade inicial (em mL)	Quantidade final (em mL)
6	113 (pouco menos de meio copo americano)	227
7	142	255 (um copo americano)
8	170	284
9	198	312
10	227	340
11	255 (um copo americano)	369 (um copo americano e meio)
12	284	397
13	312	426
14	340	454
15	369 (um copo americano e meio)	483 (cerca de dois copos americanos)

Fonte: Buttler, 2004.

Quando o alarme não funciona

Como comentado anteriormente, o alarme não é eficaz em cerca de um terço dos casos em que essa modalidade de tratamento é realizada. Um problema adicional é que os casos de enurese refratária ao alarme geralmente também são refratários às opções medicamentosas (Kawauchi, 2006).

Nos casos em que o alarme não traz resultados, uma avaliação mais cuidadosa é necessária. Se, no momento da avaliação inicial, foram feitos apenas os exames básicos, outros procedimentos investigativos devem ser realizados, a fim de detectar possíveis problemas anatômicos ou fisiológicos que impedem o sucesso do tratamento. Em especial, deve-se investigar a existência de hipercalciúria (Hjalmas et al., 2004) e constipação e solicitar que a família faça o diário miccional (Nevéus et al., 2010).

No caso da avaliação não identificar possíveis disfunções das quais a enurese seria um sintoma, deve-se lançar mão de alternativas medicamentosas, de acordo com os níveis de recomendação de cada tipo de tratamento (descritos no Capítulo 8). Uma nova tentativa com alarme depois de um ano do primeiro tratamento também pode ser realizada. Tratamentos combinando alarme e medicação podem ser considerados (Hjalmas et al., 2004).

Pontos para lembrar

- O tratamento com alarme deve estar entre as primeiras opções terapêuticas para a enurese, já que apresenta sucesso em 65% dos casos.
- O tratamento com alarme não é indicado quando a família não está motivada para o seu uso.
- O alarme deve ser utilizado diariamente por pelo menos três meses.
- O acompanhamento do tratamento pode ser realizado em contatos presenciais ou por telefone.

Perguntas de revisão

1. Qual o mecanismo de funcionamento do alarme?
    a) Aumento da capacidade da bexiga.
    b) Redução na produção de urina.
    c) Ainda não se sabe ao certo.
2. Qual o procedimento a ser adotado pelas famílias quando o alarme toca?
    a) Criança deve desligá-lo e realizar procedimentos adicionais.
    b) Pais devem desligar o alarme.
    c) Criança deve desligá-lo e voltar a dormir.
3. Qual a primeira atitude a ser tomada quando o tratamento com alarme falha?
    a) Nova tentativa com alarme.
    b) Avaliação mais aprofundada.
    c) Tratamento combinado.

Respostas: 1. c   2. a   3. b

Referências

Butler, R. J. (2004). *Nocturnal enuresis: The child's experience*. Oxford: Butterworth--Heinemann.

Butler, R. J., & Gasson, S. L. (2005). Enuresis alarm treatment. *Scandinavian Journal of Urology and Nephrology, 39*(5), 349-357.

Butler, R. J., Holland, P., Gasson, S., Norfolk, S., Houghton, L., & Penney, M. (2007). Exploring potential mechanisms in alarm treatment for primary nocturnal enuresis. *Scandinavian Journal of Urology and Nephrology, 41*(5), 407-413.

Forsythe, W. I., & Butler, R. J. (1989). Fifty years of enuretic alarms. *Archives of Disease in Childhood, 64*(6), 879-885.

Glazener, C. M., Evans, J. H., & Peto, R. E. (2003). Alarm interventions for nocturnal enuresis in children. *Cochrane Database of Systematic Reviews*, (2), CD002911.

Hjälmås, K., Arnold, T., Bower, W., Caione, P., Chiozza, L. M., von Gontard, A., et al. (2004). Nocturnal enuresis: An international evidence based management strategy. *The Journal of Urology, 171*(6 Pt 2), 2545-2561.

Houts, A. C. Behavioral treatment for enuresis (2010). In J. R. Weisz, & A. E. Kazdin, *Evidence-based psychotherapies for children and adolescents* (2th ed.). New York: Guilford Press.

Houts, A. C., & Liebert, R. M. (1984). *Bedwetting: A guide for parents and children*. Springfield: Thomas Books.

Kawauchi, A., Naitoh, Y., Yoneda, K., Soh, J., Seki, H., Okihara, K., et al. (2006). Refractory enuresis related to alarm therapy. *Journal of Pediatric Urology, 2*(6), 579-582.

Kristensen, G., & Jensen, I. N. (2003). Meta-analyses of results of alarm treatment for nocturnal enuresis: reporting practice, criteria and frequency of bedwetting. *Scandinavian Journal of Urology and Nephrology, 37*(3), 232-238.

Moffatt, M. E., & Cheang, M. (1995). Predicting treatment outcome with conditioning alarms. *Scandinavian Journal of Urology and Nephrology, 173*, 119-122.

Nevéus, T., Eggert, P., Evans, J., Macedo, A., Rittig, S., Tekgül, S., et al. (2010). Evaluation of and treatment for monosymptomatic enuresis: A standardization document from the International Children's Continence Society. *The Journal of Urology, 183*(2), 441-447.

Pereira, R., Daibs, Y. S., Porto, P., Prette, G., & Silvares, E. F. M. (2012). Acompanhamento presencial e à distância para o tratamento da enurese noturna com alarme. *Estudos de Psicologia, 29*, 182-193.

Silvares, E. F., Pereira, R. F., & Arantes, M. C. Enurese. (2007). In R. M. Caminha, & M. G. Caminha, *A prática cognitiva na infância* (pp. 254-271). São Paulo: Roca.

8
Tratamentos medicamentosos: como e quando usar

JOSÉ MURILLO B. NETTO

Introdução

Neste capítulo são descritas as diversas medicações usadas no tratamento da enurese, mostrando seu mecanismo de ação, modo de usar, resultados a curto e longo prazo e efeitos adversos.

A indicação da melhor modalidade de tratamento para a enurese depende do resultado da avaliação inicial, quando, por intermédio da história de clínica e do diário miccional, tenta-se diferenciar os dois principais grupos de pacientes, ou seja, aquelas crianças que apresentam poliúria noturna daquelas com hiperatividade vesical. Cada tratamento ou medicamento terá uma ação própria e estará melhor indicado em situações distintas. Assim, o tratamento da enuruese deve ser individualizado, respeitando as particularidades de cada caso. As principais drogas utilizadas atualmente no tratamento de crianças enuréticas são a desmopressina, a imipramina e a oxibutinina.

O tratamento medicamentoso representa uma importante ferramenta no controle da enurese, sendo a desmopressina considerada como tratamento de primeira linha, e algumas das medicações têm nível de evidência A na literatura. Várias substâncias já foram estudadas, porém, infelizmente, ainda não temos uma droga ideal, que consiga atingir a cura do problema com baixo custo, poucos efeitos colaterais e em curto tempo de uso. Todos os medicamentos descritos para o tratamento da enurese necessitam de uso prolongado, por meses seguidos, alguns apresentando efeitos colaterais que podem ser graves ou até prejudicar a própria resposta ao tratamento. Isso tudo faz da enurese uma entidade clínica de grande desafio tanto para o profissional envolvido no seu tratamento como para a criança e sua família.

Principais drogas usadas no tratamento da enurese

Desmopressina

A desmopressina (1-desamino-8-D-arginina vasopressina) é um análogo sintético do hormônio antidiurético (vasopressina), que regula a osmolalidade sérica pela ação nos tubos coletores e túbulos distais, aumentando a reabsorção de água pelo rim e exercendo, assim, um efeito antidiurético. Quando tomado antes de dormir, diminui a produção urinária noturna. Alguns estudos têm mostrado seu efeito também no sistema nervoso central, desencadeando uma cascata de sinais e inibindo reflexos vesicais (Schulz-Juergensen et al., 2007). Além da enurese, a desmopressina pode também ser usada no tratamento da diabetes insípido e de algumas formas de distúrbios de coagulação. Seu uso terapêutico na enurese é endossado pela International Children Continence Society (ICCS) (Nevéus et al., 2010) como tratamento de primeira linha para enurese com poliúria noturna, possuindo Nível de Evidência 1 e Grau de Recomendação A na literatura (Glazener e Evans, 2007).

A desmopressina é uma droga segura, apresenta poucos efeitos colaterais e baixo risco, mesmo quando usada por período prolongado (Hjalmas et al., 1998). A precaução que deve ser tomada é quanto à ingestão excessiva de líquidos num período próximo à tomada da medicação, pois pode levar à intoxicação hídrica, com hiponatremia e convulsões (Nevéus et al., 2010; Van de Walle et al., 2010). Assim, a principal contraindicação ao seu uso é a polidipsia. Uma recomendação segura é orientar a família a não dar mais que 200 ml de líquidos à noite (Nevéus et al., 2010). O risco de hiponatremia é maior quando usado o *spray* nasal (Kobson et al., 2007) e, por essa razão, essa formulação não está mais disponível no mercado para o tratamento da enurese.

A vida média da desmopressina é de 1,5 a 3,5 horas (Hjalmas et al., 2004) e sua concentração renal máxima, que leva à mínima diurese, ocorre cerca de uma a duas horas após sua ingestão. Dessa forma, o momento ideal para sua tomada é cerca de uma hora antes de dormir (Nevéus et al., 2010). A dose indicada independe do peso ou idade e varia de 0,2 a 0,4 mg em tomada única noturna. O efeito da desmopressina é imediato, não havendo um período inicial de latência para surgirem os resultados. A prescrição pode ser iniciada com a dose mínima e aumentada caso não haja sucesso, ou o contrário, iniciada com a dose máxima e diminuída em caso de resposta positiva, sendo a primeira forma de prescrição a mais aconselhada.

Alguns fatores estão relacionados à resposta ao tratamento com a desmopressina. O efeito antidiurético só será demonstrado naquelas crianças que apresentam aumento na osmolalidade, ou seja, apenas naquelas que não atingem a capacidade de concentração urinária máxima. Dessa forma, a melhor indicação para o tratamento antidiurético é para pacientes com volume miccional normal e poliúria noturna. Kruse e colaboradores (2001) demonstraram que as crianças que melhor respondem ao uso da desmopressina são as mais velhas (mais de 8 anos). Com baixas doses (0,2 mg), apresentam frequência menor de episódios de enurese e molham a cama apenas uma vez por noite (Kruse et al., 2001). Já a subpopulação de crianças enuréticas que apresentam baixos volumes miccionais para idade, baixo volume de diurese noturna e alta osmolalidade da urina, certamente não se beneficiarão do tratamento antidiurético e estão mais propensas a responder ao tratamento com alarme. No entanto, existe ainda um grupo que, apesar de apresentar baixo volume miccional diurno, tem poliúria noturna e, nesse grupo, a associação da desmopressina com alarme pode ser benéfica (Van de Walle et al., 2010).

O sucesso inicial de até 65% demonstrado inicialmente (Hjalmas, 1995; Lackgren et al., 1998; Norgaard et al., 1989) não foi confirmado em grandes estudos multicêntricos, em que cerca de 30% das crianças respondem bem, 30% têm melhora significativa e 40% não respondem (Glazener e Evans, 2007). Outros estudos mostram taxas de respostas ainda mais baixas (Lottman et al., 2009; Van Hoeck et al., 2007), indicando que o tratamento requer uma seleção criteriosa das crianças que poderão responder à desmopressina. Outros fatores que também estão associados a melhores resultados são a dose utilizada (Skoog et al., 1997) e o tratamento prolongado (Hjalmas et al., 1998).

O grande problema com o uso da desmopressina é a grande taxa de recidiva após a suspensão da medicação (Nevéus et al., 2000; Yeung et al., 2002). No entanto, estudos recentes mostram que sua retirada programada, seja por diminuição gradual da dose (Riccabona et al., 1998; Snajderova et al., 2001), seja por acréscimo de intervalos crescentes entre as tomadas, mantendo a dose constante (Buttler et al., 2001; Marschall-Kehrel e Harms, 2009), diminui a incidência de falha no tratamento. Crianças que apresentaram recidiva podem reiniciar o tratamento, sendo que este deve ser mantido por um período mais longo.

Oferecer tratamento com desmopressina:

- Crianças com poliúria noturna.
- Crianças com capacidade vesical normal.

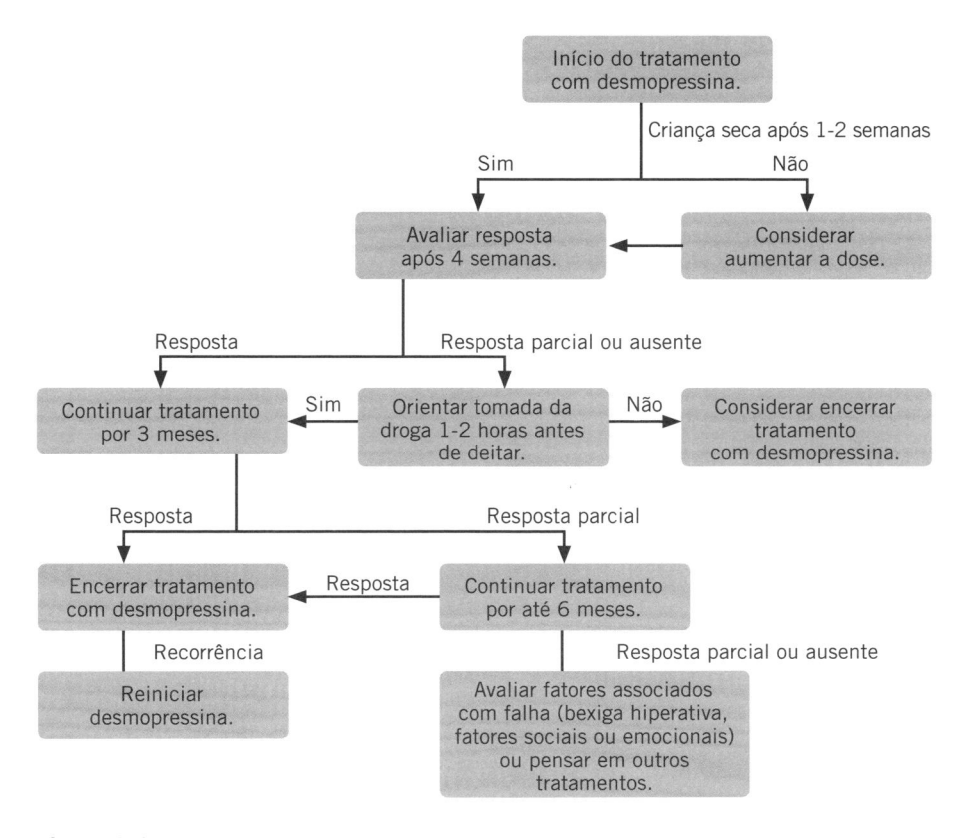

Figura 8.1
Esquema de orientação do tratamento da enurese com desmopressima.
Adaptado de NICE Guideline, 2010)

- Famílias que desejam resposta rápida.
- Famílias não participativas.
- Alarme é inapropriado ou indesejado.

Orientações do tratamento:

- Dose: 0,2 a 0,4 mg.
- Usar pelo menos 3 meses.
- Retirar medicação gradualmente.

Causas de falha da desmopressina:

- Crianças mais novas.
- Maior frequência de noites com enurese.
- Maior número de episódios por noite.
- Enurese associada e hiperatividade detrusora.

Imipramina

A imipramina é um antidepressivo tricíclico usado no tratamento da enurese desde 1960, porém seu mecanismo de ação ainda é muito pouco entendido. O efeito terapêutico parece não estar relacionado ao efeito antidepressivo, já que a concentração plasmática da droga em crianças com enurese é 3 a 5 vezes menor que a necessária para um bom efeito sobre a depressao (Hjalmas et al., 2004). Um mecanismo de ação sugerido, porém ainda bastante questionado, seria o aumento da capacidade vesical por diminuição da atividade detrusora, devido à ação anticolinérgica e relaxante sobre a musculatura lisa (Schmitt, 1990; Hagglund, 1965; Shaffer et al., 1979). Uma ação sobre o sistema nervoso central melhorando o limiar de despertar e suprimindo a fase REM do sono também foi proposta (Kales et al., 1977). Porém, no que mais se acredita atualmente é que a imipramina aja, na enurese, devido ao efeito antidiurético que interage na liberação da vasopressina (Puri, 1986; Tomasi et al., 2001) ou pelo aumento do estímulo a-adrenérgico nos túbulos renais proximais (Hunsballe, 1997).

A imipramina possui Nível de Evidência 1, visto que estudos em que é comparada com placebo mostram melhores resultados com seu uso (Gepertz e Nevéus, 2004; Smellie et al., 1996; Kardash, 1968) e Grau de Recomendação C (Hjalmas et al., 2004; Glazener e Evans, 2000), principalmente devido à sua cardiotoxicidade.

Aproximadamente 50% das crianças respondem, no início, ao tratamento com imipramina, e essa resposta parece ser a mesma em pacientes com enurese com resistência terapêutica (Gepertz e Nevéus, 2004). A dose recomendada é de 25 mg para crianças de 5 a 8 anos e 50 mg para crianças maiores e adolescentes (Neveus et al., 2010). Caso a prescrição seja baseada no peso, a dose deve ser de 1,0 a 2,5 mg/kg/dia, em dose única noturna, cerca de 1 hora antes de dormir (Mark e Frank, 1995). O efeito da imipramina é rápido e, geralmente, observado na primeira semana de uso, porém recomenda-se que a avaliação de sua eficácia seja feita apenas entre a segunda e quarta semana de tratamento. Naquelas crianças responsivas, o tratamento deve ser continuado por 3 a 6 meses. A retirada da medicação deve ser feita com diminuição progressiva da dose por num período de 3 a 4 semanas (Mammen e Ferrer, 2004). Crianças enuréticas em tratamento com imipramina têm maior probabilidade de resposta se receberem a dose adequada por um período prolongado e se seguirem o tratamento corretamente (Fernandez et al., 1990). Entretanto, a taxa de recidiva após sua retirada é alta, e apenas cerca de 17% das crianças que ficam secas durante o tratamento permanecem secas depois de 6 meses sem a medicação (Nijman et al., 2002).

Efeitos colaterais com a imipramina são pouco comuns e incluem mudanças de personalidade, ansiedade, distúrbios do sono, boca seca e alterações gastrointestinais (Mammen e Ferrer, 2004; Glazener et al., 2007). No entanto, o principal problema com a imipramina é seu efeito cardiotóxico, que pode ocorrer mesmo em doses terapêuticas, porém, em casos de overdose, pode ser fatal (Srinivasan et al., 2004; Swanson et al., 1997). Uma avaliação cardiológica com eletrocardiograma antes do início do tratamento é recomendada (Fritz et al., 2004). Devido à preocupação com os riscos de seu uso, a imipramina é considerada uma droga de terceira linha no tratamento da enurese, e seu uso deve ser indicado apenas nas crianças cujo tratamento com alarme falhou e naquelas cujas famílias não têm condições econômicas de manter um tratamento com desmopressina (Neveus et al., 2010). Quando a opção terapêutica for pela prescrição de imipramina, os pais devem ser alertados quanto aos potenciais riscos e sobre os cuidados com armazenagem da medicação, para evitar possível uso acidental e consequente intoxicação da própria criança ou de seus irmãos.

Orientações do tratamento com imipramina:

- Dose: 25 mg – crianças de 6 a 8 anos
  50 mg – criança com 9 anos ou mais
- Dar 1 hora antes de dormir
- Avaliar resposta ao tratamento após 2 a 4 semanas
- Baixas taxas de sucesso – 40 a 60%
- Altas taxas de recidiva – 83% das crianças que respondem
- Retirar medicação gradualmente

Considerações ao uso da imipramina

- Terceira linha no tratamento da enurese.
- Indicação apenas quando houver falha do alarme e desmopressina ou a família não tiver condições econômicas para usar desmopressina.
- Cardiotoxia – pode causar morte.
- Avaliação cardiológica antes do uso.
- Orientação quanto a armazenar longe de crianças.

Oxibutinina

A oxibutinina é uma droga com ação anticolinérgica e relaxante da musculatura lisa, muito usada no tratamento da incontinência urinária diurna por hiperatividade detrusora. Sua ação não é esperada para casos de enurese primária monossintomática, que, por definição, apresenta função vesical normal. Porém, como o diagnóstico dos sintomas miccionais diurnos muitas vezes é difícil, necessitando de repetidos questionamentos à família e, em outros casos, a bexiga pode funcionar normalmente durante o dia e ser hiperativa à noite, o uso da oxibutinina pode ser efetivo em alguns casos de enurese.

O seu uso na enurese é apoiado por vários estudos não randomizados que mostram efeitos benéficos (Kosar et al., 1999; Nevéus et al., 1999). Porém, num único estudo, no qual a oxibutinina é usada como monoterapia e comparada com placebo, não foram observadas vantagens de seu uso na enurese (Lovering et al., 1988). Apesar disso, um estudo randomizado e controlado com placebo, no qual a oxibutinina é usada em associação com desmopressina, mostra resultados satisfatórios (Austin et al., 2008), o que também ocorre em associação com imipramina (Tahmaz et al., 2000), permitindo sua indicação na enurese ser considerada como Nível de Evidência 1 (Neveus et al., 2010) e, por apresentar mais efeitos colaterais e menor eficácia que os demais tratamentos, o Grau de Recomendação é B (Neveus et al., 2010).

A indicação de oxibutinina em crianças enuréticas só cabe quando houver sinais de hiperatividade detrusora como, baixos volumes miccionais diurnos e frequência urinária aumentada (enurese não monossintomática) (Neveus et al., 2010; Hjalmas et al., 2004; Friedman et al., 2011) ou crianças que apresentem mais de um episódio de perda urinária na mesma noite, ou seja, hiperatividade vesical noturna, o que está presente em cerca de 30% das crianças enuréticas (Yeung et al., 2002). No entanto, alguns aspectos devem ser considerados antes de se prescrever oxibutinina para crianças com enurese, como, por exemplo, a constipação intestinal, que deve ser excluída e, caso presente, deve ser controlada antes do início do tratamento. Outro aspecto é excluir a presença de urina residual, disfunção miccional e baixa frequência urinária, visto que esses sintomas podem piorar com o uso de anticolinérgicos (Neveus et al., 2010) e causar infecções urinárias.

A dose usual de tratamento com a oxibutinina é de 5 mg antes de dormir, dose essa que, em casos de ausência de resposta, pode ser dobrada. Ao contrário da desmopressina e imipramina, o efeito da oxibutinina demora mais tempo para aparecer, o que ocorre entre um e dois meses após o início do tratamento. Caso haja bom resultado terapêutico, é recomendado que se faça a tentativa de retirada da droga após três meses de uso e, caso haja recidiva, a medicação deve ser mantida e novas tentativas de retirada devem ser feitas em intervalos de cerca de três meses (Neveus et al., 2010).

Efeitos adversos com uso de oxibutinina são comuns, podendo estar presentes em até 76% dos casos (Baigrie et al., 1988). Seu efeito colateral mais comum é a constipação intestinal, porém o mais temido é o aumento do resíduo pós-miccional e consequente infecção urinária. A família deve ser orientada sobre esses riscos e sobre a necessidade de procurar atendimento médico caso algum sinal de infecção urinária seja notado. Como os anticolinérgicos diminuem a produção de saliva, uma boa higiene oral dever ser mantida. Efeitos sobre o sistema nervoso central podem acontecer (Gish et al., 2009), como alucinações, agitação, confusão, amnésia e pesadelos.

Orientações do tratamento com oxibutinina:

- Dose: iniciar com 5 mg antes de dormir, a dose pode ser dobrada se necessário.
- Resposta tardia ao tratamento – 1 a 2 meses.
- Indicações:
  Enurese não monossintomática (hiperatividade vesical).
  Hiperatividade vesical noturna (mais de um episódio/noite).
- Melhor quando associada à desmopressina.
- Efeitos colaterais são frequentes.

Tratamentos combinados

O tratamento combinado da enurese é usado como opção de segunda linha, ou seja, está indicado em crianças que não respondem ao tratamento inicial. A proposta da terapia combinada é agir sobre mais de um fator envolvido na patogênese da enurese.

Desmopressina e alarme

O uso da combinação de desmopressina com alarme é controverso. Alguns estudos sugerem que essa associação produz resultados satisfatórios, principalmente a curto prazo, ou seja, durante o tratamento (Bradbury e Meadow, 1995; Leebeek-Groenewegen et al., 2001; Ozden et al., 2008; Vogt et al., 2010), enquanto outros não conseguiram mostrar a mesma resposta (Gibbs et al., 2004; Naitoh et al., 2005). Parece que as crianças com maior número de episódios de enurese por semana apresentam melhor resposta a essa associação terapêutica (Bradbury, 1997).

Estudos avaliando a recidiva e os resultados a longo prazo falharam em mostrar vantagens na associação da desmopressina com alarme (Leebeek-Groenewegen et al., 2001; Ozden et al., 2008).

Desmopressina e oxibutinina

A combinação do tratamento antidiurético (desmopressina) com anticolinérgico (oxibutinina) tem demonstrado resultados satisfatórios em um grupo seleto de crianças enuréticas que apresentam sintomas de poliúria noturna associada à hiperatividade vesical (Caione et al., 1997; De Grazia e Cimador, 1999; Martín-Crespo e Luque, 2003; Lee et al., 2005).

Oxibutinina e Imipramina

O tratamento combinado com oxibutinina e imipramina parece trazer benefícios, com redução dos episódios de enurese, melhorando os resultados tanto da imipramina quanto da oxibutinina em monoterapia e deve ser indicado quando o tratamento com uma das duas drogas é ineficaz (Tahmaz et al., 2000; Kaneko et al., 2001).

Imipramina e alarme

A explicação para essa associação seria o fato de um dos efeitos sugeridos da imipramina incidir sobre o despertar (Kales et al., 1977). Em apenas um estudo encontrado, com pequeno número de crianças não selecionadas, em que os autores compararam imipramina, alarme e associação dos dois, os autores concluíram que a imipramina combinada ao alarme não é mais efetiva que a monoterapia com alarme ou imipramina (Fournier e Garfinkel, 1987).

Outras drogas

Inúmeras drogas já foram testadas no tratamento da enurese, como, por exemplo, indometacina, diclofenaco, furasemida, benzodiazepínicos, hidroxizina, anfetamina, sulfato de efedrina, entre outras.

Em uma revisão da Cochrane, cerca de 28 diferentes substâncias foram usadas, porém os estudos, na sua maioria, são pequenos ou de baixa qualidade metodológica, o que levou os autores a concluírem que não existem dados suficientes para julgar se essas outras drogas têm efeito na enruese (Glezener et al., 2007).

Quadro 18.1
Principais medicamentos utilizados no tratamento da enurese

Medicação	Indicação	Dose (1 hora antes de dormir)	Principais efeitos colaterais	Resultados
Desmopressina	Poliúria noturna	0,2 a 0,4 mg	Intoxicação hídrica	Imediatos Resposta em cerca de 60% das crianças. Altas taxas de recidiva.
Imipramina	Impossibilidade de usar desmopressina ou alarme	25 mg: 6 a 8 anos 50 mg: > 8 anos	Cardiotoxicidade	Imediato 50% respondem ao tratamento. Apenas 17% permacem secos após 6 meses.
Oxibutinina	Hiperatividade vesical	5 a 10 mg	Constipação Urina residual	Aparece após 1 a 2 meses de uso. Resultados ruins como monoterapia.

Pontos para lembrar

Tratamento farmacológico da enurese
- Primeira linha: Desmopressina (Nível de Evidência: 1A).
- Segunda linha: Oxibutinina (Nível de Evidência: 1B).
      Imipramina (Nível de Evidência: 1C).
- Tratamentos Combinados: Casos especiais, quando a monoterapia não foi efetiva.

Perguntas de revisão

1. Qual grupo de crianças responde melhor ao tratamento com desmopressina?
   a) Crianças com bexiga hiperativa.
   b) Crianças com poliúria noturna.
   c) Crianças com distúrbio do despertar.
2. O tratamento com imipramina na enurese deve ser indicado, exceto?
   a) Em crianças com poliúria noturna.
   b) Em famílias que não aceitam alarme e não têm condição de comprar desmopressina.
   c) Em crianças que não respondem aos tratamentos de primeira linha (desmopressina e alarme).
3. Por que a imipramina tem grau de recomendação C na literatura?
   a) Por cardiotoxicidade.
   b) Por baixa resposta ao tratamento.
   c) Por altos índices de recidiva.

Respostas: 1.b 2.a 3.a

Referências

Austin, P. F., Ferguson, G., Yan, Y., Campigotto, M. J., Royer, M. E., & Coplen, D. E. (2008). Combination therapy with desmopressin and an anticholinergic medication for nonresponders to desmopressin for monosymptomatic nocturnal enuresis: Randomized, double-blind, placebo-controlled trial. *Pediatrics, 122*(5), 1027-1032.

Baigrie, R. J., Kelleher, J. P., Fawcett, D., & Pengelly, A. W. (1988). Oxybutynin: is it safe? *British Journal of Urology, 62*(4), 319-322.

Bradbury, M. (1997). Combination therapy for nocturnal enuresis with desmopressin and an alarm device. *Scandinavian Journal of Urology and Nephrology, 183*, 61-3.

Bradbury, M. G., & Meadow, S. R. (1995). Combined treatment with enuresis alarm and desmopressin for nocturnal enuresis. *Acta Paediatrica, 84*(9), 1014-1018.

Butler, R. J., Holland, P., & Robinson, J. (2001). Examination of the structured withdrawal program to prevent relapse of nocturnal enuresis. *The Journal of Urology, 166*(6), 2463-2466.

Caione, P., Arena, F., Biraghi, M., Cigna, R. M., Chendi, D., Chiozza, M. L., et al. (1997). Nocturnal enuresis and daytime wetting: A multicentric trial with oxybutynin and desmopressin. *European Urology, 31*(4), 459-463.

De Grazia, E., & Cimador, M. (1999). Oxybutinin-desmopressin association in the treatment of primary nocturnal enuresis with diurnal urination disorders. *Minerva Pediatrica, 51*(5), 149-152.

Fernández de Gatta, M. M., Galindo, P., Rey, F., Gutierrez, J., Tamayo, M., García, M. J., & Domínguez-Gil, A. (1990). The influence of clinical and pharmacological factors on enuresis treatment with imipramine. *British Journal of Clinical Pharmacology, 30*(5), 693-698.

Fournier JP, Garfinkel B., Bond, A., Beauchesne, H., Shapiro, S. K.. (1987). Pharmacological and behavioral management of enuresis. *Journal the American Academy of Child & Adolescent Psychiatry, 26*(6), 849-853.

Friedman, B. C., Friedman, B., & Goldman, R. D. (2011). Oxybutynin for treatment of nocturnal enuresis in children. *Canadian Family Physician, 57*(5), 559-561.

Fritz, G., Rockney, R., Bernet, W., Arnold, V., Beitchman, J., Benson, R. S., et al. (2004). Practice parameter for the assessment and treatment of children and adolescents with enuresis. *Journal of the American Academy of Child and Adolescent Psychiatry, 43*(12), 1540-1550.

Gepertz, S., & Nevéus, T. (2004). Imipramine for therapy resistant enuresis: A retrospective evaluation. *The Journal of Urology, 171*(6 Pt 2), 2607-2610.

Gibb, S., Nolan, T., South, M., Noad, L., Bates, G., & Vidmar, S. (2004). Evidence against a synergistic effect of desmopressin with conditioning in the treatment of nocturnal enuresis. *The Journal of Pediatrics, 144*(3), 351-357.

Gish, P., Mosholder, A. D., Truffa, M., & Johann-Liang, R. (2009). Spectrum of central anticholinergic adverse effects associated with oxybutynin: Comparison of pediatric and adult cases. *The Journal of Pediatrics, 155*(3), 432-434.

Glazener, C. M., & Evans, J. H. (2000). Desmopressin for nocturnal enuresis in children. *Cochrane Database of Systematic Reviews*, (3), CD002112.

Glazener, C. M., & Evans, J. H. (2000). Tricyclic and related drugs for nocturnal enuresis in children. *Cochrane Database of Systematic Reviews*, (3), CD002117.

Glazener, C. M., Evans, J. H., & Peto, R. (2007). Drugs for nocturnal enuresis in children (other than desmopressin and tricyclics). *Cochrane Database of Systematic Reviews*, (1).

Glazener, C. M., Evans, J. H., & Peto, R. (2007). Tricyclic and related drugs for nocturnal enuresis in children. *Cochrane Database of Systematic Reviews*, (1).

Hagglund, T. B., & Parkkulainen, K. V. (1965). Enuretic children treated with imipramine (Tofranil): A cystometric study. *Ann Paed Fenn, 11*, 53-9.

Hjälmås, K. (1995). SWEET, the Swedish Enuresis Trial. *Scandinavian Journal of Urology and Nephrology, 173*, 89-92, discussion 93.

Hjälmås, K., Arnold, T., Bower, W., Caione, P., Chiozza, L. M., von Gontard, A., et al. (2004). Nocturnal enuresis: An international evidence based management strategy. *The Journal of Urology, 171*(6 Pt 2), 2545-2561.

Hjälmås, K., Hanson, E., Hellström, A. L., Kruse, S., & Sillén, U. (1998). Long-term treatment with desmopressin in children with primary monosymptomatic nocturnal enuresis: An open multicentre study. Swedish Enuresis Trial (SWEET) Group. *British Journal of Urology, 82*(5), 704-709.

Hunsballe, J. M., Rittig, S., Pedersen, E. B., Olesen, O. V., & Djurhuus, J. C. (1997). Single dose imipramine reduces nocturnal urine output in patients with nocturnal enuresis and nocturnal polyuria. *The Journal of Urology, 158*(3 Pt 1), 830-836.

Kales, A., Kales, J. D., Jacobson, A., Humphrey, F. J. 2nd, & Soldatos, C. R. (1977). Effects of imipramine on enuretic frequency and sleep stages. *Pediatrics, 60*(4), 431-436.

Kaneko, K., Fujinaga, S., Ohtomo, Y., Shimizu, T., & Yamashiro, Y. (2001). Combined pharmacotherapy for nocturnal enuresis. *Pediatric Nephrology, 16*(8), 662-664.

Kardash, S., Hillman, E. S., & Werry, J. (1968). Efficacy of imipramine in childhood enuresis: A double-blind control study with placebo. *Canadian Medical Association Journal, 99*(6), 263-266.

Ko ar, A., Arikan, N., & Dinçel, C. (1999). Effectiveness of oxybutynin hydrochloride in the treatment of enuresis nocturna: A clinical and urodynamic study. *Scandinavian Journal of Urology and Nephrology, 33*(2), 115-118.

Kruse S, Hellström AL, Hanson E, Hjälmås K, Sillén U., Swedish Enuresis Trial (SWEET) Group. (2001). Treatment of primary monosymptomatic nocturnal enuresis with desmopressin: Predictive factors. *BJU International, 88*(6), 572-576.

Läckgren, G., Lilja, B., Nevéus, T., & Stenberg, A. (1998). Desmopressin in the treatment of severe nocturnal enuresis in adolescents: A 7-year follow-up study. *British Journal of Urology, 81*(Suppl 3), 17-23.

Lee, T., Suh, H. J., Lee, H. J., & Lee, J. E. (2005). Comparison of effects of treatment of primary nocturnal enuresis with oxybutynin plus desmopressin, desmopressin alone or imipramine alone: A randomized controlled clinical trial. *The Journal of Urology, 174*(3), 1084-1087.

Leebeek-Groenewegen, A., Blom, J., Sukhai, R., & Van Der Heijden, B. (2001). Efficacy of desmopressin combined with alarm therapy for monosymptomatic nocturnal enuresis. *The Journal of Urology, 166*(6), 2456-2458.

Lottmann, H., Baydala, L., Eggert, P., Klein, B. M., Evans, J., & Norgaard, J. P. (2009). Long-term desmopressin response in primary nocturnal enuresis: Open-label, multinational study. *International Journal of Clinical Practice, 63*(1), 35-45.

Lovering, J. S., Tallett, S. E., & McKendry, J. B. (1988). Oxybutynin efficacy in the treatment of primary enuresis. *Pediatrics, 82*(1), 104-106.

Mammen, A. A., & Ferrer, F. A. (2004). Nocturnal enuresis: medical management. *The Urologic Clinics of North America, 31*(3), 491-498.

Mark, S. D., & Frank, J. D. (1995). Nocturnal enuresis. *British Journal of Urology, 75*(4), 427-434.

Marschall-Kehrel, D., Harms, T. W., Enuresis Algorithm of Marschall Survey Group. (2009). Structured desmopressin withdrawal improves response and treatment outcome for monosymptomatic enuretic children. *The Journal of Urology, 182*(4 Suppl), 2022-2026.

Martín-Crespo, R., Luque, R. (2003). In which patients is the oxybutynin-desmopressin combination therapy indicated? *Cirugía Pediátrica, 16*(4), 181-185.

Naitoh, Y., Kawauchi, A., Yamao, Y., Seki, H., Soh, J., Yoneda, K., et al. (2005). Combination therapy with alarm and drugs for monosymptomatic nocturnal enuresis not superior to alarm monotherapy. *Urology, 66*(3), 632-635.

National Institute for Health and Clinical Excellence. (2010). *Nocturnal Enuresis: The management of bedwettin in children and young people (CG111).* Acessado em 23 maio, 2012, em http://guidance.nice.org.uk/CG111

Nevéus, T., Eggert, P., Evans, J., Macedo, A., Rittig, S., Tekgül, S., et al. (2010). Evaluation of and treatment for monosymptomatic enuresis: A standardization document from the International Children's Continence Society. *The Journal of Urology, 183*(2), 441-447.

Nevéus, T., Läckgren, G., Tuvemo, T., Hetta, J., Hjälmås, K., & Stenberg, A. (2000). Enuresis: Background and treatment. *Scandinavian Journal of Urology and Nephrology,* (206), 1-44.

Nevéus, T., Läckgren, G., Tuvemo, T., Olsson, U., & Stenberg, A. (1999). Desmopressin--resistant enuresis: Pathogenetic and therapeutic considerations. *The Journal of Urology, 162*(6), 2136-2140.

Nijman, R. J. M., Butler, R., van Gool, J., Yeung, C. K., Bower, W., & Hjälmås, K. (2002). Conservative management of urinary incontinence in childhood. In P. Abrams, L. Cardozo, S. Khoury, & A. Wein (Eds.), *2nd International Consultation on Incontinence* (pp. 515-551). Plymouth: Health Publication.

Nørgaard, J. P., Rittig, S., & Djurhuus, J. C. (1989). Nocturnal enuresis: An approach to treatment based on pathogenesis. *The Journal of Pediatrics, 114*(4 Pt 2), 705-710.

Ozden, C., Ozdal, O. L., Aktas, B. K., Ozelci, A., Altinova, S., & Memis, A. (2008). The efficacy of the addition of short-term desmopressin to alarm therapy in the treatment of primary nocturnal enuresis. *International Urology and Nephrology, 40*(3), 583-586.

Puri, V. N. (1986). Increased urinary antidiuretic hormone excretion by imipramine. *Experimental and Clinical Endocrinology, 88*(1), 112-4.

Riccabona, M., Oswald, J., & Glauninger, P. (1998). Longterm use and tapered dose reduction of transnasal desmopressin in the treatment of enuretic child. *BJU International, 81*, 24-25.

Robson, W. L., Leung, A. K., & Nørgaard, J. P. (2007). The comparative safety of oral *versus* intranasal desmopressin for the treatment of children with nocturnal enuresis. *The Journal of Urology, 178*, 24-30.

Schmitt, B. D. (1990). Nocturnal enuresis: Finding the treatment that fits the child. *Contemp Peds, 7*, 70-97.

Schulz-Juergensen, S., Rieger, M., Schaefer, J., Neusuess, A., & Eggert, P. (2007). Effect of 1-desamino-8-D-arginine vasopressin on prepulse inhibition of startle supports a central etiology of primary monosymptomatic enuresis. *The Journal of Pediatrics, 151*(6), 571-574.

Shaffer, D., Stephenson, J. D., & Thomas, D. V. (1979). Some effects of imipramine on micturition and their relevance to its anti-enuretic activity. *Neuropharmacology, 18*(1), 33-37.

Skoog, S. J., Stokes, A., & Turner, K. L. (1997). Oral desmopressin: A randomized double--blind placebo controlled study of effectiveness in children with primary nocturnal enuresis. *The Journal of Urology, 158*(3 Pt 2), 1035-1040.

Smellie, J. M., McGrigor, V. S., Meadow, S. R., Rose, S. J., & Douglas, M. F. (1996). Nocturnal enuresis: A placebo controlled trial of two antidepressant drugs. *Archives of Disease in Childhood, 75*(1), 62-66.

Snajderova, M., Lehotska, V., Kernova, T., Kocnarová, N., Archmanová, E., Janda, P., & Lánská, V. (2001). Desmopressin in a long-term treatment of children with primary nocturnal enuresis: A symptomatic therapy? *European Journal of Pediatrics, 160*(3), 197-198.

Srinivasan, K., Ashok, M. V., Vaz, M., Yeragani, V. K. (2004). Effect of imipramine on linear and nonlinear measures of heart rate variability in children. *Pediatric Cardiology, 25*(1), 20-25.

Swanson, J. R., Jones, G. R., Krasselt, W., Denmark, L. N., & Ratti, F. (1997). Death of two subjects due to imipramine and desipramine metabolite accumulation during chronic therapy: A review of the literature and possible mechanisms. *Journal of Forensic Sciences, 42*(2), 335-339.

Tahmaz, L., Kibar, Y., Yildirim, I., Ceylan, S., & Dayanç, M. (2000). Combination therapy of imipramine with oxybutynin in children with enuresis nocturna. *Urologia Internationalis, 65*(3), 135-139.

Tomasi, P. A., Siracusano, S., Monni, A. M., Mela, G., & Delitala, G. (2001). Decreased nocturnal urinary antidiuretic hormone excretion in enuresis is increased by imipramine. *BJU International, 88*(9), 932-937.

Van de Walle, J., Van Herzeele, C., & Raes, A. (2010). Is there still a role for desmopressin in children with primary monosymptomatic nocturnal enuresis? A focus on safety issues. *Drug Safety, 33*(4), 261-271.

Van Hoeck, K., Bael, A., Lax, H., Hirche, H., Van Dessel, E., Van Renthergem, D., van Gool, J. D. (2007). Urine output rate and maximum volume voided in school-age children with and without nocturnal enuresis. *The Journal of Pediatrics, 151*(6), 575-80.

Vogt, M., Lehnert, T., Till, H., & Rolle, U. (2010). Evaluation of different modes of combined therapy in children with monosymptomatic nocturnal enuresis. *BJU International, 105*(10), 1456-1459.

Yeung, C. K., Sit, F. K., To, L. K., Chiu, H. N., Sihoe, J. D., Lee, E., & Wong, C. (2002). Reduction in nocturnal functional bladder capacity is a common factor in pathogenesis of refractory enuresis. *BJU International, 90*(3), 302-307.

9
O papel da fisioterapia no tratamento da enurese

CLARICE TANAKA
RITA PAVIONE RODRIGUES PEREIRA

Introdução

Este capítulo apresenta o papel da fisioterapia no tratamento da enurese, com uma abordagem terapêutica focada nas alterações funcionais. Por isso abordaremos a relação da neurofisiologia da micção normal, o desenvolvimento neuropsicomotor, o controle postural e as disfunções do assoalho pélvico.

A maturidade completa no desenvolvimento miccional é adquirida até os 4 anos de idade, ou seja, o controle voluntário da micção se desenvolve de forma progressiva até atingir a continência consciente social; entretanto, ainda é possível a ocorrência de episódios de escapes urinários após este período (Polaha et al., 2002). O controle esfincteriano não é automático em todas as crianças, sendo que, na idade entre 5 e 6 anos, a prevalência de incontinência urinária pode atingir 10% dos casos. Entre os 12 e os 18 anos, esta porcentagem cai para 4% (Mulders et al., 2010).

A enurese noturna tem sido considerada um transtorno no desenvolvimento neural, não influenciado por fatores ambientais (Largo et al., 1996). Existem fortes evidências de fatores genéticos e hereditários na sua etiologia (Von Gontard et al., 1998).

O déficit de maturação do tronco cerebral é apontado como a possível causa da disfunção central do transtorno miccional (Freitag et al., 2006). O atraso no desenvolvimento não parece ser específico para o controle da bexiga, mas tem sido encontrado em outras áreas, incluindo o desenvolvimento motor da fala e do crescimento (Essen e Peckham, 1976; Power e Manor, 1995). Crianças com

> Crianças com enurese apresentam déficits no desenvolvimento motor, indicando possíveis alterações na maturação do SNC.

enurese apresentam desempenho motor abaixo do normal para a idade, têm má qualidade de movimentos em tarefas que exigem habilidades motoras grossa e fina, mesmo quando não apresentam doença neurológica ou retardo evidente no desenvolvimento geral (Largo et al., 2001a). Os termos disfunção neurológica menor ou disfunção cerebral mínima têm sido usados para descrever essas condições (Kinsbourne, 1973).

A enurese noturna aos 12 anos de idade ocorre em 10% das crianças com disfunções neurológicas menores (Lunsing et al., 1991). Aquelas com incontinência urinária apresentam maior comprometimento, e crianças com enurese noturna têm níveis intermediários de comprometimento motor (Järvelin, 1989). Tanto na incontinência urinária quanto na enurese noturna, essas crianças apresentam movimentos descontrolados, rápidos, bruscos e descoordenados (movimentos coreiformes das alterações extrapiramidais), dificuldade em realizar movimentos rápidos alternadamente (tipo disdiadococinesia das alterações cerebelares), e capacidade reduzida de imitar gestos (Von Gontard et al., 2006).

Durante avaliação clínica usando a escala de Avaliação Neuromotora Zurich (ZNA), as crianças com enurese apresentaram prejuízos nas habilidades motoras (Lunsing et al., 1991; Järvelin, 1989; Shaffer et al., 1984), corroborando com déficit de maturação do tronco cerebral, do córtex motor e dos circuitos relacionados com as áreas corticais (Von Gontard et al., 2006).

> A musculatura responsável pela estabilidade do tronco e pela manutenção da postura também é responsável pela continência. Alterações posturais estão presentes em crianças com disfunções urinárias.

As crianças com disfunções urinárias diurnas e noturnas apresentam disfunções do assoalho pélvico e clinicamente é possível observar características posturais marcantes, que se assemelham entre si (Bauer e Atala, 1998; Bauer, 1998). A ação conjunta dos músculos do assoalho pélvico, dos abdominais, dos espinhais profundos e do diafragma são imprescindíveis para a continência urinária e estabilidade de tronco (Smith et al., 2006); por sua ação na estabilização do tronco, desempenham papel importante na manutenção da postura. Tais músculos contribuem ainda para a continência, uma vez que estabilizam o colo vesical e provocam o aumento da pressão intrauretral, participando do controle dos esfíncteres, vesical e anal, durante aumento da pressão intra-abdominal; além da sustentação das vísceras pélvicas (Sapsford et al., 2001).

A manutenção da postura pelos músculos do assoalho pélvico tem substrato neuromecânico, visto que estes músculos dão suporte mecânico à coluna e à pelve, por meio da fáscia toracolombar, rigidez da articulação sacra ilíaca e modulação da pressão intra-abdominal (Hodges et al., 2007); a ativação desses músculos aumenta concomitantemente ao aumento da pressão intra-abdominal (p. ex., ao tossir, espirrar ou ao se levantar de uma cadeira) (Howard et al., 2000) e durante a respiração, mesmo na postura quieta, por meio de uma contração pré-programada (Hodges e Gandevia, 2000a).

Nossas condutas terapêuticas têm como foco a funcionalidade das crianças com enurese e se pautam nos aspectos neurofisiológicos e neuromecânicos descritos. Cabe relembrar que as crianças com enurese apresentam características que indicam déficit de maturação de áreas do SNC, que implicam o atraso no desenvolvimento motor e miccional, estabelecendo uma relação entre déficit de controle postural e disfunções miccionais.

Avaliação fisioterapêutica da criança com enurese

A avaliação fisioterapêutica deve ser criteriosa e minuciosa, composta por uma anamnese rica em informações da história da queixa de perdas urinárias, antecedentes pessoais e familiares, desenvolvimento neuropsicomotor e relatos do cotidiano dessas crianças, além de avaliação das habilidades motoras, da postura estática e dinâmica com enfoque na pelve e no tronco, de modo a complementar os dados colhidos na anamnese e nos exames urológicos.

A avaliação deve subsidiar uma abordagem global voltada para a função, com ênfase na integração sensorial, na estabilidade da pelve e do tronco, buscando alinhamento e sinergia muscular, que terão influência direta no funcionamento do trato urinário inferior.

Anamnese funcional

A anamnese deve conter história completa da queixa, com informações desde gestação, parto, desenvolvimento neuropsicomotor, hábitos de ingesta hídrica e alimentar, frequência miccional, até atividades funcionais do cotidiano das crianças, a fim de entender todos os aspectos envolvidos na queixa e nortear o tratamento de acordo as condições do indivíduo, tarefa e ambiente.

Avaliação da postura estática e dinâmica

Posturografia

A posturografia é um método quantitativo de avaliação do controle postural por meio de uma plataforma de força, conectada a um computador possibilitando deduzir informações quanto ao deslocamento do centro de pressão, em diferentes condições sensoriais, sendo possível analisar a integração e a repesagem sensorial no controle postural. A análise desses dados permite entender aspectos relacionados ao equilíbrio, nas diferentes condições de demanda sensorial. Esta avaliação promove direções mais precisas durante a abordagem terapêutica em relação ao treinamento sensorial e ao equilíbrio.

Avaliação clínica da postura

A avaliação clínica da postura é a tradicional avaliação do alinhamento postural. Em uma avaliação funcional, além do alinhamento em si, a avaliação clínica da postura nos fornece indicadores dos próximos passos a seguir na avaliação. Tem sido observado um padrão mais comum (Figura 9.1 e Figura 9.2), com base alargada, hiperextensão de joelhos, anteversão da pelve, abdômen protuso, sugerindo alteração do tônus postural e instabilidade articular segmentar. O conjunto pelve-abdome-tronco, importante na mecânica da contenção urinária, chama a atenção para a investigação da estabilidade e controle da pelve, e, por esta razão, os testes com demanda assimétrica da pelve, descritos a seguir, são importantes.

Apoio unipodálico

É solicitado que a criança inicie o teste em apoio bipodálico com os braços soltos estendidos ao longo corpo e, ao comando, retire um apoio dos membros (Figura 9.3). O apoio unipodálico é um teste que desafia o controle da pelve e quadril exigindo ajustes posturais para a manutenção do equilíbrio. O terapeuta deve observar o alinhamento da pelve nos três planos e a oscilação do tronco.

Ajoelhado para semiajoelhado

É solicitado que a criança inicie o teste de joelhos, com os braços soltos estendidos ao longo corpo e, ao comando, passe um dos membros à frente, adotan-

Enurese noturna **123**

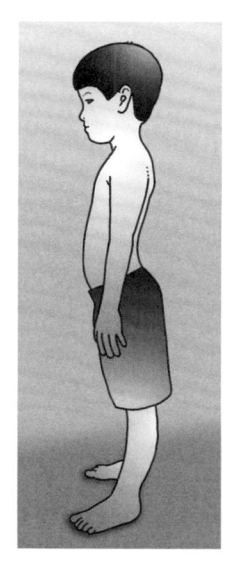

Figura 9.1
Vista lateral.

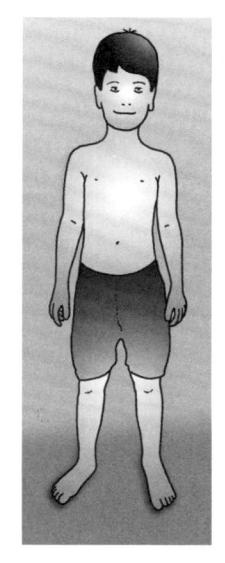

Figura 9.2
Vista anterior.

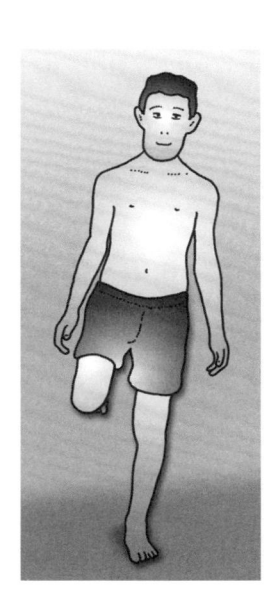

Figura 9.3
Apoio unipodálico.

do a postura semiajoelhada (Figura 9.4). Este teste também avalia o equilíbrio de pelve, quadril e tronco, porém sem interferência da base de apoio (pés). O terapeuta deve observar o alinhamento da pelve nos três planos e a oscilação do tronco.

Sentar e levantar

Observar as estratégias motoras adotadas pela criança para sentar-se e levantar-se, focando a atenção na mobilidade do quadril e da pelve, nos ajustes no tronco para a realização do movimento e no impulso utilizado para levantar-se.

Marcha

Observar as estratégias motoras adotadas pela criança durante a marcha, focando a atenção na mobilidade geral, nos ajustes no tronco para a realização do movimento e na dissociação das cinturas pélvica e escapular.

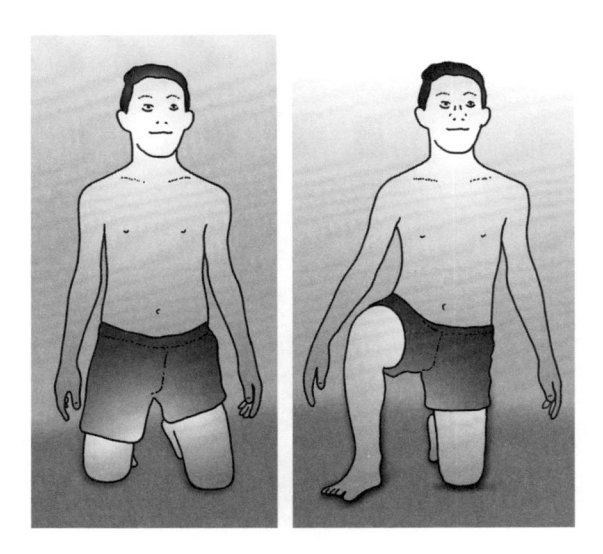

Figura 9.4
Postura ajoelhada e semiajoelhada.

Testes complementares – avaliação neurofuncional

Coordenação dos movimentos

Membros superiores

- Diadococinesia/Prono-supinação do antebraço
- Índex-índex/índex-nariz
- Movimentos alternados dos dedos das mãos

Membros inferiores

- Calcanhar-tíbia
- Marcha na ponta dos pés e nos calcanhares
- Marcha Tandem

Coordenação tronco-membros

- Manobra de Babinski (observa a sinergia de tronco com membros inferiores)

Tratamento fisioterapêutico – reeducação funcional

O tratamento fisioterapêutico deve ser desenhado a partir da avaliação funcional e, portanto, ser específico para cada criança. Em linhas gerais, a avaliação dimensiona as alterações do controle postural, da estabilidade de tronco superior e da pelve, da coordenação e do desenvolvimento motor. A partir desse dimensionamento, o plano de reeducação funcional define quais aspectos devem ser enfatizados durante as sessões.

Nosso programa de reeducação funcional tem duração média de 6 semanas, com duas sessões semanais em que todos os aspectos são abordados do início

> A reeducação funcional tem como objetivos: a estabilidade de tronco e da pelve, a percepção de assoalho pélvico na alternância de pressão intra-abdominal, a coordenação dos movimentos e a melhora do controle postural nas atividades funcionais.

ao fim do programa, com demanda progressiva e sempre procurando a aplicação funcional para as atividades corriqueiras. Com base em nossa experiência, a reeducação funcional busca:

1. melhorar a estabilidade da pelve e tronco;
2. possibilitar um padrão mais controlado de movimento;
3. dissociar controle e movimentos de tronco superior e inferior;
4. dissociar controle e movimento de cabeça e tronco;
5. estimular movimentos sinérgicos de membros e tronco;
6. melhorar a coordenação de movimentos;
7. melhorar a percepção e o controle do assoalho pélvico;
8. melhorar a funcionalidade nas atividades cotidianas.

Para contemplar tais objetivos, alguns exercícios são exemplificados abaixo:

- mobilização da pelve;
- estabilização rítmica de quadril;
- estabilização do quadril com estimulação miotática de adutores/abdutores;
- estabilização do quadril com estimulação quadrado lombar;
- estabilização do quadril com estimulação miotática abdome;
- percepção e controle do assoalho pélvico na alternância da pressão intra-abdominal;
- mobilização de cintura escapular;
- posicionamento e mobilização cervical;
- dissociação de tronco;
- dissociação e estabilização do tronco-cervical;
- diagonais de tronco-MMSS com estimulação miotática do abdome, utilizando o padrão diagonal do movimento;
- diagonais de tronco-MMII com estimulação miotática abdome, utilizando o padrão diagonal do movimento;
- diagonais cabeça-MMSS-tronco;
- movimento sinérgico de escápula/tórax/abdome;
- exercícios para coordenação de movimentos;
- exercícios de alcance;
- atividades funcionais com base de apoio diminuída, agachamento, marcha, escada, rampa, corrida, sentar-levantar, pular, chutar, arremesso manual.

Os exercícios podem ser explorados nos diversos decúbitos, iniciando-se pelas posturas mais baixas, progredindo para posturas de maior demanda e sempre terminando a terapia com aplicação do aprendizado nas atividades funcionais.

Passagens pela posição ajoelhada e semiajoelhada e em apoio unipodálico são úteis para estimular o controle da pelve. Exercícios que estimulam a percepção de contração e relaxamento de assoalho pélvico nas alternâncias da pressão intra--abdominal são fundamentais para o controle miccional. Recursos de facilitação neuromuscular como estímulos táteis ou miotáticos, tração manual muscular e articular e estiramento produzem boa resposta ao exercício. Recursos como bolas, faixas, bastões, vendas para os olhos, cama elástica, superfícies instáveis ou com texturas são úteis no treinamento de coordenação e de integração sensorial, promovem melhora do controle postural e motivam a adesão ao tratamento.

Pontos para lembrar

- Existe associação entre disfunção miccional e desenvolvimento motor, corroborando com o déficit de maturação do tronco cerebral, do córtex motor e dos circuitos relacionados com as áreas corticais.
- Crianças com enurese e outras disfunções miccionais apresentam alterações do controle postural.
- A Reeducação Funcional, ao trabalhar com a musculatura responsável pela estabilidade de tronco e pela continência, tem um efeito terapêutico sobre a enurese.

Perguntas de revisão

1. Quais fatores podem estar envolvidos na etiologia da enurese?
   a) Fatores hereditários, genéticos e déficits de maturação de diversas áreas do SNC.
   b) Fatores genéticos e lesão do SNC.
   c) Fatores ambientais, genéticos e hereditários.

2. Qual deve ser o foco na avaliação fisioterapêutica da criança com enurese?
   a) Anamnese, alinhamento postural e força dos músculos do assoalho pélvico.
   b) Anamnese e avaliação dos músculos do assoalho pélvico.
   c) Anamnese funcional, controle postural, integração sensorial e sinergia muscular.

3. Qual o objetivo da Reeducação Funcional no tratamento da enurese?
   a) Treinar coordenação motora, contração e relaxamento de assoalho pélvico.
   b) Promover o controle postural e estabilizar o tronco e a pelve nas atividades funcionais.
   c) Corrigir o alinhamento postural e fortalecer músculos do assoalho pélvico.

Respostas: 1.a 2.c 3.b

Referências

Bauer, S. B. (1998). Neurogenic dysfunction of the lower urinary tract in children. In P. C. Walshy, A. B. Retnik, E. D. Vaughan Jr, & A. J. Wein, (Eds.), *Campbell's urology* (7th ed, pp. 2019-2053). Philadelphia: Saunders.

Bauer, S. B., & Atala, A. (1998). Bladder dysfunction. In T. M. Barrat, E. D. Avner, & W. E. Harmon WE, (Eds.), *Pediatric nephrology* (4th ed., pp. 913-931). Baltimore: Lippincott, Willians & Wilkins.

Essen, J., & Peckham, C. (1976). Nocturnal enuresis in childhood. *Developmental Medicine & Child Neurology, 18*(5), 577-589.

Freitag, C. M., Röhling, D., Seifen, S., Pukrop, R., & von Gontard, A. (2006). Neurophysiology of nocturnal enuresis: Evoked potentials and prepulse inhibition of the startle reflex. *Developmental Medicine & Child Neurology, 48*(4), 278-284.

Hodges, P., & Gandevia, S. (2000). Activation of the human diaphragm during a repetitive postural task. *The Journal of Physiology, 522*(Pt 1), 165-175.

Hodges, P. W., Sapsford, R., & Pengel, L. H. M. (2007). Postural and respiratory functions of the pelvic floor muscles. *Neurourology and Urodynamics, 26*(3), 362-371.

Howard, D., Miller, J. M., Delancey, J. O., & Ashton-Miller, J. A. (2000). Differential effects of cough, valsalva, and continence status on vesical neck movement. *Obstetrics and Gynecology, 95*(4), 535-540.

Järvelin, M. R. (1989). Developmental history and neurological findings in enuretic children. *Developmental Medicine and Child Neurology, 31*(6), 728-736.

Kinsbourne, M. (1973). Minimal brain dysfunction as a neurodevelopmental lag. *Annals of the New York Academy of Sciences, 205,* 268-273.

Largo, R. H., Caflisch, J. A., Hug, F., Muggli, K., Molnar, K., Molinari, L., et al. (2001) Neuromotor development from 5 to 18 years. Part 1: timed performance. *Developmental Medicine and Child Neurology, 43*(7), 436-443.

Largo, R. H., Molinari, L., von Siebenthal, K., & Wolfensberger, U. (1996). Does a profound change in toilet-training affect development of bowel and bladder control? *Developmental Medicine and Child Neurology, 38*(12), 1106-1116.

Lunsing, R. J., Hadders-Algra, M., Touwen, B. C., & Huisjes, H. J. (1991). Nocturnal enuresis and minor neurological dysfunction at 12 years: A follow-up study. *Developmental Medicine and Child Neurology, 33*(5), 439-445.

Mulders, M. M., Cobussen-Boekhorst, H., de Gier, R. P., Feitz, W. F., & Kortmann, B. B. (2011). Urotherapy in children: Quantitative measurements of daytime urinary incontinence before and after treatment according to the new definitions of the International Children's Continence Society. *Journal of Pediatric Urology, 7*(2), 213-218.

Polaha, J., Warzak, W. J., & Dittmer-Mcmahon, K. (2002). Toilet training in primary care: Current practice and recommendations from behavioral pediatrics. *Journal of Developmental and Behavioral Pediatrics, 23*(6): 424-429.

Power, C., & Manor, O. (1995). Asthma, enuresis, and chronic illness: Long term impact on height. *Archives of Disease in Childhood, 73*(4), 298-304.

Sapsford, R. R., Hodges, P. W., Richardson, C. A., Cooper, D. H., Markwell, S. J., & Jull, G. A. (2001). Co-activation of the abdominal and pelvic floor muscles during voluntary exercises. *Neurourology ang Urodynamics, 20*(1), 31-42.

Shaffer, D., Gardner, A., & Hedge, B. (1984). Behavior and bladder disturbance of enuretic children: A rational classification of a common disorder. *Developmental Medicine and Child Neurology, 26*(6), 781-792.

Smith, M. D., Russell, A., & Hodges, P. W. (2006). Disorders of breathing and continence have a stronger association with back pain than obesity and physical activity. *The Australian Journal of Physiotherapy, 52*(1), 11-16.

Von Gontard, A., Eiberg, H., Hollmann, E., Rittig, S., & Lehmkuhl, G. (1998). Molecular genetics of nocturnal enuresis: clinical and genetic heterogeneity. *Acta Paediatrica, 87*(5), 571-78.

Von Gontard, A., Freitag, C. M., Seifen, S., Pukrop, R., & Röhling, D. (2006). Neuromotor development in nocturnal enuresis. *Developmental Medicine and Child Neurology, 48*(9), 744-750.

10
Tratamentos alternativos para a enurese: valem a pena?

PAULA BRAGA-PORTO

Introdução

Alguns dos tratamentos alternativos para a enurese e as medidas terapêuticas complementares recomendadas por especialistas para o seu manejo são tratados neste capítulo. Nele, são estabelecidas comparações entre os tratamentos alternativos e os tratamentos consolidados, principalmente quanto à sua eficácia, e são avaliadas as estratégias comumente utilizadas pelos pais em comparação às recomendadas por especialistas.

Durante o atendimento clínico de portadores de enurese, é bastante comum observar que seus pais busquem um especialista, em especial quando se trata de adolescentes, já tendo submetido seus filhos a diversas formas de tratamento, sem ter, contudo, alcançado o sucesso. É ainda mais frequente observar que estes pais tenham feito uso de uma série de estratégias por eles mesmos formuladas para tentar solucionar o problema que as molhadas representam. Dentre as estratégias mais utilizadas pelos pais estão: o uso de punição, tanto verbal quanto física (Sapi et al., 2009), a restrição de líquidos, realizada grande parte das vezes no período noturno, e o costume de acordar as crianças durante a noite para levá-las ao banheiro. Uma boa avaliação do quadro exige que o especialista considere os tratamentos já realizados e as estratégias utilizadas pelos pais dos portadores de enurese, assim como os seus efeitos sobre o paciente.

O guia estratégico produzido pela ICCS (Hjälmås et al., 2004) aponta seis formas de tratamento consolidadas da enurese noturna, sendo três medicamentosas (antidepressivos tricíclicos, oxibutinina e desmopressina), duas psicológicas (alarme com componentes comportamentais e alarme sem componentes comportamentais) e uma al-

> O guia estratégico da ICCS aponta apenas uma forma de tratamento alternativo para a enurese.

ternativa (acupuntura), além da possibilidade da realização desses tratamentos de forma combinada.

Os dois tratamentos com índice mais alto de recomendação para a enurese, de acordo com a International Children Continence Society (ICCS), são o alarme (Ia), um dispositivo sonoro acionado pela micção, e a desmopressina (Ia), um análogo sintético da vasopressina, que atua reduzindo a produção de urina durante a noite (Nevéus et al., 2010). O tratamento com alarme obtém os melhores índices de cura, definida por pelo menos 14 noites consecutivas sem episódios, atingida em 65% dos casos, em média (Buttler, 2005), enquanto a desmopressina atinge 60% de sucesso durante o seu uso, e cerca de 30% de sucesso continuado, após a sua interrupção. Esses tratamentos devem ser, assim, considerados os principais tratamentos para a enurese.

Ocorre que uma parte significativa das crianças portadoras de enurese não pode ter acesso a tais tratamentos ou, a partir de sua implementação, não obtém os critérios necessários para a alta, isto é, não conseguem resolver o problema da enurese. Desta forma, surge a necessidade de se buscar tratamentos alternativos ou ao menos a associação dos tratamentos consolidados a medidas terapêuticas complementares.

> Uma parte significativa das crianças portadoras de enurese não consegue resolver o problema por meio dos tratamentos consolidados

Os tratamentos alternativos vêm sendo cada vez mais mencionados pelos pais no contexto clínico e verifica-se, na literatura, que estudos vêm sendo realizados para investigar a sua eficácia. Ainda que o único tratamento alternativo mencionado no guia estratégico para enurese (Hjälmås et al., 2004) seja a acupuntura, por apresentar nível de evidência e grau de recomendação altos, outros tratamentos alternativos são mencionados na literatura sobre enurese, tais como: a homeopatia (Ferrara et al., 2008), a quiropraxia (van Poecke e Cunliffe, 2009), a estimulação eletromagnética (But e Marcun Varda, 2006) e a hipnoterapia (Seabrook et al., 2005), dentre outros. O guia estratégico faz também menção a algumas medidas terapêuticas complementares, ainda que não as considere como um tratamento propriamente dito. Dentre essas medidas está a uroterapia, que também será objeto de análise do presente capítulo.

Isto posto, parece ser indicado levar tanto os tratamentos de segunda linha (oxibutinina e antidepressivos tricíclicos), descritos no Capítulo 8 deste livro, quanto os tratamentos alternativos ao conhecimento da família, nunca é demais frisar, fazendo-se as devidas ressalvas, no primeiro caso, quanto a seus efeitos colaterais, e, em ambos os casos, quanto ao seu nível de evidência e grau de recomendação, nas seguintes circunstâncias:

a) não há disponibilidade, muitas vezes em função do custo, de um dos tratamentos de primeira linha;
b) os tratamentos de primeira linha se mostram ineficazes;
c) os tratamentos de primeira linha solucionam o problema apenas de forma parcial;
d) os pais da criança se mostram refratários ao uso de medicação;
e) a criança ainda não completou idade suficiente para dar início ao tratamento com alarme, mas apresenta sinais claros de impacto;
f) a família não demonstra estar suficientemente motivada para a realização do tratamento com alarme.

Parece interessante ainda observar que, nas condições clínicas, muitos dos fatores listados acima costumam coocorrer: para as famílias pouco motivadas para o tratamento, o alarme não se mostra eficaz, ou então os pais de crianças com pouca idade são avessos ao uso de medicação.

Tratamentos alternativos

Acupuntura

A acupuntura, atualmente, deve ser considerada quando da escolha de tratamentos para a enurese, tendo sido descrita no guia estratégico produzido pela ICCS (Hjälmås et al., 2004) como um tratamento alternativo de curta duração e de relativo baixo custo. Além disso, descrevem os autores, a acupuntura apresenta nível de evidência 1 e grau de recomendação B, o que implica a sua superioridade em relação, inclusive, ao tratamento da enurese pelo uso de antidepressivos tricíclicos (grau de recomendação C) e da oxibutinina (nível de evidência 2).

Trata-se de uma prática da medicina tradicional chinesa na qual pontos do corpo são estimulados por pressão manual, penetração da pele, aplicações de laser, eletroterapia, dentre outros métodos. A partir do conceito de 12 meridianos primários ou canais de energia, ao longo dos quais se distribuem 360 pontos de acupuntura, definem-se os pontos envolvidos no tratamento de disfunções do trato urinário, localizados na região sacra da coluna, nos segmentos S2 e S4.

Muitos são os estudos envolvendo a acupuntura. Dentre eles uma revisão sistemática (Bower et al., 2005) que identificou evidências do efeito positivo da acupuntura como tratamento da enurese noturna,

> Outros tratamentos alternativos para a enurese vêm sendo investigados de forma sistemática e têm-se obtido bons resultados.

ainda que os estudos em questão apresentassem algumas limitações metodológicas, dificultando assim a sua avaliação e posterior comparação com os demais tratamentos.

De acordo com esses autores, acredita-se que a acupuntura diminua o número de episódios de molhadas, aumente a capacidade funcional da bexiga e as chances de se despertar em função dos sinais de bexiga cheia.

Outros tratamentos alternativos

Alguns tratamentos alternativos para a enurese, ainda que pouco mencionados na literatura por apresentarem baixo grau de evidência, vêm sendo investigados de forma sistemática e têm obtido bons resultados. Dentre eles, encontram-se a homotoxicologia, a quiropraxia, a estimulação magnética e a hipnoterapia, de que tratarei a seguir:

A homeopatia pode ser descrita como um método terapêutico baseado em dois princípios:

a) o princípio da similaridade, de acordo com o qual pequenas quantidades de uma substância que pode causar determinados sintomas em uma pessoa saudável podem ser usadas para curar as mesmas manifestações em uma pessoa doente; e
b) o princípio das potências, segundo o qual os medicamentos, ainda que diluídos, continuam a apresentar atividade biológica e, portanto, efeitos curativos.

Muitos estudos com resultados positivos têm sido conduzidos para verificar a eficácia da homeopatia, tanto em comparação a outros tratamentos quanto a condições placebo, mas ela ainda é vista como controversa, uma vez que os mecanismos de ação para ela descritos não são muito claros.

A **homotoxicologia**, por sua vez, postula que todas as doenças humanas resultam de um mesmo processo físico: a eliminação de toxinas, tanto as produzidas pelo próprio corpo, quanto as presentes no ambiente. Baseada nos mesmos princípios da homeopatia, isto é, fazendo uso de medicação diluída, a homotoxicologia faz uso de medicação baseada em material biológico de outros seres vivos, tais como porcos, em pequenas quantidades, para facilitar o processo de eliminação de toxinas.

Neste contexto, foi realizado (Ferrara et al., 2008) um ensaio clínico randomizado do qual participaram 151 crianças portadoras de enurese monossintomática com o objetivo de comparar a eficácia e a segurança de medicamentos homotoxicológicos ao tratamento com desmopressina e a uma condição placebo.

Os autores verificaram uma diminuição significativa do número de molhadas no grupo de crianças tratadas com homotoxicologia (20%) se comparada à condição placebo (0%). Podendo-se ainda afirmar que o número de crianças que alcançou o critério de 14 noites secas consecutivas pelo uso de homotoxicologia (n = 10/50) foi também significativamente maior que o número de crianças na condição placebo (n = 0/50). E concluem que, ainda que a homotoxicologia seja significativamente menos efetiva que a desmopressina, ela pode ser considerada segura e efetiva se comparada a uma condição placebo (Ferrara et al., 2008), um resultado que aponta para a necessidade de realização de mais estudos na área.

A **quiropraxia** é uma especialidade da área da saúde que, no Brasil, está ainda em processo de regulamentação, sendo, no entanto, já reconhecida em outros países, tais como o Canadá e Estados Unidos. Consiste em uma prática (práxis) voltada para diagnóstico, tratamento e prevenção de disfunções mecânicas do sistema neuromusculoesquelético e dos efeitos dessas disfunções sobre a saúde geral dos indivíduos pela manipulação (quiro) de articulações e de tecidos moles.

Há alguns estudos investigando a efetividade da quiropraxia para tratamento de crianças portadoras de enurese noturna primária. Dentre esses estudos, em sua maioria relatos de caso, um (van Poecke e Cunliffe, 2009) fornece indicativos de uma possível efetividade. Dele participaram 33 crianças de 3 a 18 anos de idade, tratadas por quatro quiropraxistas no período de três anos em conformidade com um mesmo protocolo. De acordo com os autores, a taxa de resolução do problema obtida por este tratamento foi de 66,6 %, taxa esta consideravelmente maior que a de remissão espontânea relatada na literatura e ainda perfeitamente comparável às taxas obtidas por meio dos tratamentos tradicionais e de outros alternativos. Uma vez que se trata de um estudo com uma série de limitações, concluem os autores, tais como a falta de um grupo-controle, é necessária a realização de mais estudos para que a efetividade da quiropraxia seja comprovada.

A **estimulação magnética** transcraniana é uma técnica médica que consiste na aplicação de ondas eletromagnéticas no cérebro para o tratamento de algumas doenças psiquiátricas como depressão, transtorno obsessivo-compulsivo, ansiedade, insônias, entre outras. A técnica é indolor, não requer o uso de anestesia e nem tampouco apresenta efeitos sobre a memória. Os seus potenciais efeitos clínicos e urodinâmicos foram investigados (But e Marcun Varda, 2006) e comparados a uma condição placebo no tratamento de um grupo de 20 meninas portadoras de enurese noturna primária entre 6 e 14 anos de idade. A diferença entre os resultados obtidos pelos dois grupos foi significativa, tendo a frequência média de episódios semanais das meninas do grupo experimental diminuído de 3.1 para 1.3 ($p= 0.028$) e, ao final do tratamento, 3 meninas obtiveram os critérios para a alta.

A **hipnoterapia** é o uso terapêutico, isto é, enquanto tratamento, da hipnose. Essa técnica é algumas vezes mencionada em estudos como um tratamento alternativo para a enurese, tendo-se verificado apenas um estudo comparando a sua efetividade à do tratamento com alarme (Seabrook et al., 2005). A hipnoterapia, nesse estudo, é descrita como um protocolo no qual os participantes, munidos de uma fita cassete, deveriam escutá-la durante noites subsequentes. Não há qualquer menção relativa ao conteúdo das fitas cassete. De acordo com os autores, a hipnoterapia obteve um baixo índice de sucesso em termos de número de noites secas se comparada ao tratamento com alarme, tendo, além disso, sido interrompida por uma grande parte dos participantes por não estar funcionando.

Medidas terapêuticas complementares

Parece razoável supor que alguns fatores, tais como ir para a cama tarde da noite, ingerir alimentos e líquidos de forma irregular e ter hábitos miccionais diurnos deficientes possam aumentar o risco de ocorrência de enurese (Kruse et al., 1999). Desta forma, já é um consenso que deve ser realizado para todos os portadores de enurese um aconselhamento sobre os hábitos de vida que se relacionam com a enurese, notadamente o padrão de ingestão de líquidos e o de micções (Nevéus et al., 2010). Alguns autores denominam este aconselhamento sobre hábitos de vida como uroterapia.

> Há poucos estudos investigando sistematicamente os efeitos da uroterapia.

A uroterapia é definida como "tratamento não cirúrgico e não farmacológico da função do trato urinário inferior, podendo ser descrito como reeducação da bexiga ou programa de reabilitação tendo em vista a correção de dificuldades de armazenamento ou eliminação" (Hoebke, 2005). Há poucos estudos investigando sistematicamente os efeitos dessas medidas sobre os aspectos fisiológicos da criança (p. ex., capacidade funcional da bexiga) e sobre o resultado da sua realização conjunta a um tratamento de primeira linha para enurese (alarme ou desmopressina).

As principais recomendações sobre hábitos de vida a serem utilizadas com pacientes que molham suas camas são (Robson e Leung, 2002):

a) Dormir um número ideal de horas;
b) Realizar exercício de visualização diário;
c) Aprimorar atenção para micções diurnas;
d) Urinar regularmente durante o dia;
e) Nunca segurar a urina até o último minuto;
f) Observar postura ideal ao urinar;
g) Aumentar ingestão de líquidos durante o dia;
h) Evitar líquidos contendo cafeína;
i) Limitar ingestão de líquidos e solutos ao fim do dia;
j) Urinar antes de deitar;
k) Solicitar aos pais que levem a criança para urinar antes de irem dormir.

Algumas dessas recomendações são consensuais, outras não. Alguns autores (Nevéus et al., 2010) endossam a micção regular durante o dia, recomendando idas ao banheiro ao acordar, duas vezes na escola, uma vez após a escola, na hora do jantar e logo antes de apagar as luzes para dormir. Não há qualquer menção a acordar a criança para ir ao banheiro – estratégia comumente utilizada pelos pais de crianças portadoras de enurese. Esses autores argumentam que é um procedimento permitido, mas que não ajuda a solucionar o problema além do dia em que a ação é realizada, o que deve ser prontamente explicado aos pais. Enquanto outros (Hoebke, 2005) ressaltam a importância de explicar para a criança o funcionamento da bexiga, direcionamento que é reafirmado pelo documento mais recente da ICCS (Nevéus et al., 2010). As recomendações parecem girar, então, em torno de três eixos: controle da ingestão de líquido diurna, controle das micções no período diurno e motivação da criança.

A partir de um estudo piloto realizado com 22 crianças, algumas tratadas apenas pela uroterapia e outras com a adição de alarme e desmopressina, afirmam os autores (Hoebke, 2005) que a realização dessas recomendações reduziu o número de episódios. Já um relato de experiência exclusivo com recomendações (Féra et al., 2002), realizado com 19 crianças na Universidade Federal de São Paulo, afirma ter obtido melhora nos episódios em 100% dos casos.

A uroterapia não deve ser vista como um tratamento alternativo, mas sim como uma medida terapêutica complementar, indicada em especial para os casos em que a criança apresenta sintomas que indicam disfunção miccional (enurese não monossintomática). Nestes casos, segundo os autores, a uroterapia deve ser implementada antes do início do tratamento para enurese propriamente dito por um período de pelo menos 4 semanas (Hjälmås et al., 2004).

Pontos para lembrar

- Uma parte significativa das crianças portadoras de enurese não consegue resolver o problema por meio dos tratamentos consolidados.
- O guia estratégico aponta apenas uma forma de tratamento alternativo para a enurese, a acupuntura.
- Outros tratamentos alternativos para a enurese vêm sendo investigados de forma sistemática e se têm obtido bons resultados.
- Há poucos estudos investigando sistematicamente os efeitos da uroterapia.

Perguntas de revisão

1. Em que momento o uso dos tratamentos alternativos para enurese deve ser considerado?
   a) Na entrevista inicial, quando a família já passou por outros tratamentos sem sucesso.
   b) No curso de um tratamento de primeira linha, quando os efeitos esperados não são observados.
   c) Ambas as alternativas estão corretas.
2. Quando um paciente deve ser submetido a tratamentos alternativos?
   a) O paciente não alcança os critérios necessários para alta pelo uso dos tratamentos de primeira linha.
   b) A família demonstra preferir os tratamentos alternativos.
   c) No curso dos tratamentos de primeira linha.
3. Qual o tratamento alternativo com mais alto nível de evidência e grau de recomendação?
   a) Homeopatia.
   b) Acupuntura.
   c) Estimulação magnética.

Respostas: 1. c 2. a 3. b

Referências

Bower, W. F., Diao, M., Tang, J. L., & Yeung, C. K. (2005). Acupuncture for nocturnal enuresis in children: A systematic review and exploration rationale. *Neurology and Urodynamics*, 24(3), 267-272.

But, I., & Varda, N. M. (2006). Functional magnetic stimulation: A new method for the treatment of girls with primary nocturnal enuresis? *Journal of Pediatric Urology, 2*(5), 415-418.

Butler, R. J., & Gasson, S. L. (2005). Enuresis alarm treatment. *Scandinavian Journal of Urology and Nephrology, 39*(5), 349-357.

Féra, P., Lelis, M. A., Glashan, R. Q., Nogueira, M. P., & Bruschini, H. (2002). Behavioral interventions in primary enuresis: Experience report in Brazil. *Urologic Nursing, 22*(4), 257-262.

Ferrara, P., Marrone, G., Emmanuele, V., Nicoletti, A., Mastrangelo, A., Tiberi, E,. et al. (2008). Homotoxicological remedies *versus* desmopressin *versus* placebo in the treatment of enuresis: A randomised, double-blind, controlled trial. *Pediatric Nephrology, 23*(2), 269-274.

Hjälmås, K., Arnold, T., Bower, W., Caione, P., Chiozza, L. M., von Gontard, A., et al. (2004). Nocturnal enuresis: An international evidence based management strategy. *The Journal of Urology, 171*(6 Pt 2), 2545-2561.

Hoebke, P. (2006). Twenty years of urotherapy in children: What have we learned? *European Urology, 49*(3), 426-428.

Kruse, S., Hellström, A. L., & Hjälmås, K. (1999). Daytime bladder dysfunction in therapy-resistant nocturnal enuresis: A pilot study in urotherapy. *Scandinavian Journal of Urology and Nephrology, 33*(1), 49-52.

Nevéus, T., Eggert, P., Evans, J., Macedo, A., Rittig, S., Tekgül, S., et al. (2010). Evaluation of and treatment for monosymptomatic enuresis: A standardization document from the International Children's Continence Society. *The Journal of Urology, 183*(2), 441-447.

Robson, L. M., & Leung, A. K. C. (2002). Urotherapy recommendations for bedwetting. *Journal of the National Medical Association, 94*(7), 577-580.

Sapi, M. C., Vasconelos, J. S., Silva, F. G., Damião, R., & Silva, E. A. (2009). Avaliação da violência intradomiciliar na criança e no adolescente enuréticos. *Jornal de Pediatria, 85*(5), 433-437.

Seabrook, J. A., Gorodzinsky, F., & Freedman, S. (2005). Treatment of primary nocturnal enuresis: A randomized clinical trial comparing hypnotherapy and alarm therapy. *Paediatrics & Child Health, 10*(10), 609-610.

van Poecke, A. J., & Cunliffe, C. (2009). Chiropractic treatment for primary nocturnal enuresis: A case series of 33 consecutive patients. *Journal of Manipulative and Physiological Therapeutics, 32*(8), 675-681.

11
Enurese em adultos

YASMIN SPAOLONZI DAIBS

Introdução

Este capítulo discute as características da enurese e de seu tratamento, em pacientes adultos, a partir de levantamento bibliográfico e da descrição dos atendimentos realizados com quatro pacientes atendidos presencialmente ou a distância e fazendo uso do alarme.

Embora a enurese noturna seja uma condição amplamente identificada e discutida durante a infância e a adolescência, com uma prevalência de cerca de 10% aos 7,5 anos de idade (Butler et al., 2005), são poucos os trabalhos que discutem a sua ocorrência e tratamento na idade adulta, ainda que a maior parte deles cite a prevalência da condição em 1% a 2% nos jovens de 18 anos (Butler, 1994). Esta redução da incidência ao longo das faixas etárias é esperada, uma vez que a taxa de remissão espontânea do problema é de cerca de 15% ao ano (Jensen e Kristensen, 2001).

Hirasing e colaboradores (1997), no entanto, fizeram um estudo epidemiológico na Holanda apenas com adultos, contando com 13.081 participantes de 18 a 64 anos, visitados em casa e solicitados a responder um questionário sobre o assunto. Os autores verificaram que 0,5% dos entrevistados relataram a ocorrência de um episódio de perda de urina nas quatro semanas anteriores, sendo que destes, 28% dos homens e 36% das mulheres tinham episódios pelo menos duas vezes por semana. Apenas 30% dos participantes acreditavam que a enurese poderia ser tratada, e 50% dos homens e 35% das mulheres nunca tinham consultado um especialista sobre o assunto.

A partir de estudos realizados com crianças com enurese, Butler e Holland (2000) propuseram uma explicação para o problema, baseada em três sistemas fisiológicos, tais como a dificuldade em despertar a partir da sensação de bexiga cheia, a poliúria noturna, definida pela produção de urina em excesso durante a noite, e a hiperatividade do músculo detrusor, quadro em que o músculo se contrai involuntariamente, além de ser mais sensível ao enchimento, não suportando grandes quantidades de urina.

Atualmente, há pouca clareza se esses mesmos mecanismos fisiológicos se aplicam aos adultos com enurese. Entretanto, Robertson e colaboradores (1999) realizaram um estudo com nove adultos e verificaram que, de fato, a enurese estava associada à excreção de grandes quantidades de urina durante a noite, mas não houve relação entre esse aspecto e a deficiência na secreção de vasopressina. Para os autores, isso ocorre por uma falha não explicada nos rins, que não seriam sensíveis à ação do hormônio em questão. Já Yucel e colaboradores (2004) afirmam que a metade dos adultos que ainda têm enurese apresenta resultados anormais em estudos urodinâmicos, como hiperatividade detrusora, hipocomplacência e dissinergia entre esfíncter e detrusor.

Os tratamentos mais indicados para a enurese são a desmopressina, um medicamento que atua de forma similar à vasopressina, reduzindo a poliúria noturna e o alarme, que, se colocado na cama ou na roupa do paciente, emite um som quando a micção se inicia, despertando-o (Nevéus et al., 2010).

Na literatura, os escassos relatos de tratamento da enurese com adultos baseiam-se na desmopressina, com resultados pouco animadores (Yucel et al., 2004). Um estudo mais abrangente foi realizado por Vandersteen e Husmann (1999) que, ao tratarem 29 pacientes adultos com desmopressina, seguida de alarme, e imipramina para os casos em que não houve sucesso, relataram que 83% dos pacientes obtiveram continência.

Embora esteja entre os tratamentos mais eficazes, sabe-se que a falta de adesão ao uso e procedimentos do alarme pode ser um fator muito prejudicial ao tratamento. No trabalho de Pereira e colaboradores (em produção), é possível perceber que enquanto cerca de 40% das crianças desistiram no tratamento, nenhum dos adolescentes da amostra o fizeram. O autor explica esse fato com o trabalho de Daibs e colaboradores (2010), que aponta que o impacto sentido pelas crianças que têm enurese e a intolerância dos pais com relação ao problema tendem a aumentar de acordo com a idade da criança. Assim, pode-se supor que quanto mais velho o cliente, mais os episódios vão se tornando aversivos e, portanto, mais reforçadora será sua eliminação.

A título de ilustração, serão apresentados quatro casos de pacientes adultos com enurese que fizeram tentativas de tratamento com alarme. Todos foram atendidos por integrantes da equipe do Projeto Enurese, do Departamento de Psicologia Clínica do Instituto de Psicologia da Universidade de São Paulo e procuraram auxílio voluntariamente, sozinhos ou com seus pais.

O principal elemento do tratamento era o uso do aparelho de alarme, utilizado conforme a descrição apresentada no Capítulo 7.

Uma das preocupações do terapeuta, em relação ao uso do alarme em si, é que, uma vez que ele é uma nova contingência aversiva por acordar o paciente através do som, não se criem contingências aversivas adicionais. Por exemplo, um familiar pode reclamar do som do alarme, quando isso não acontecia anteriormente. Obviamente, esse fator pode atrapalhar o tratamento, já que o paciente, não tendo controle sobre a urina, pode simplesmente deixar de utilizar o alarme.

O primeiro contato com os clientes consistia em uma entrevista inicial de triagem, quando era avaliado e classificado o tipo de enurese de cada cliente. Também era aplicado o Inventário de Autoavaliação para Adultos (ASR, Achenbach, 2001a) ou o Inventário de Autoavaliação para Adolescentes (YSR, Achenbach, 2001b), em que os pacientes respondiam questões gerais sobre seus comportamentos, a fim de identificar problemas em áreas específicas. Posteriormente, foi marcado um segundo encontro para que o alarme fosse entregue, e os clientes recebessem as instruções de uso do mesmo. Os casos 1 e 2 foram atendidos a distância e recebiam telefonemas semanais do terapeuta responsável para sanar eventuais dúvidas e acompanhar a evolução dos casos. Já nos casos 2 e 3, optou-se pela realização de atendimentos semanais e individuais com cada um dos clientes, para, além de acompanhar o uso do alarme, explorar outras possíveis queixas que tivessem relação ou não com a enurese.

O tratamento era considerado bem-sucedido quando os clientes alcançavam 14 noites consecutivas sem episódios de escape. Em seguida, dava-se início ao processo de prevenção de recaída, que consiste na ingestão de líquido, aumentando de forma gradual a cada dois dias, até o limite de 500 mL, a fim de dilatar a capacidade de controle durante a noite. Iniciado esse processo, o cliente deveria permanecer por mais 14 noites consecutivas sem episódios, e então o tratamento poderia ser finalizado (Pereira e Silvares, 2006).

Os quatro casos citados anteriormente serão brevemente descritos a fim de identificar aspectos característicos e comuns que possam lançar luz sobre as particularidades do atendimento e tratamento de adultos com enurese.

Caso 1

L., paciente do sexo feminino, 28 anos, tinha uma frequência de episódios baixa, de uma ou duas vezes por mês. No entanto, a enurese representava um grande impacto em sua vida social, motivo pela qual ela buscou tratamento. L. fazia terapia no momento do atendimento, estudava, trabalhava e mantinha um relacionamento estável com um rapaz que não sabia de sua condição.

Logo que começou a utilizar o alarme, a cliente atingiu as 14 noites consecutivas sem episódios de escape, possibilitando o início do processo de prevenção de recaída. Após dois meses nessa fase do tratamento, L. ainda tinha episódios ocasionais, associados, de acordo com seus relatos, a momentos de estresse no trabalho. Ainda assim, L. atingiu rapidamente mais de 14 noites consecutivas sem escapes, permitindo que o tratamento fosse encerrado. Entretanto, a jovem relatava não se sentir confortável com a interrupção e, por isso, solicitou o uso do alarme por mais algum tempo, o que foi aceito.

Foram realizados seguimentos aos 6, 12 e 18 meses. Aos 6 meses, ela relatou ainda ter episódios esporádicos, motivo pelo qual havia mantido o alarme, que foi então retirado. Aos 12 e 18 meses, L. relatou apenas um episódio em um momento de estresse. No entanto, foi o suficiente para que ela dissesse que não tinha segurança total de que "aquilo nunca mais vai acontecer".

Caso 2

N. era uma jovem de 21 anos, estudante de graduação e estagiária. Tinha episódios com frequências variadas, mas que, segundo ela, se intensificavam na semana anterior à menstruação, quando chegavam a ocorrer três noites por semana. N. tinha um histórico de constipação intestinal e infecção urinária, mas não relatava nenhum sintoma diurno atual. Tinha feito exames médicos que não apontaram nenhuma irregularidade e nunca havia realizado outro tratamento.

N. passava os finais de semana na casa do namorado, e, em uma dessas ocasiões, sem que ele e seus familiares soubessem de seu problema, teve um escape enquanto dormia. N. relata ter sido esta uma experiência muito embaraçosa, tornando-se uma de suas motivações na busca por atendimento.

Em dois meses de tratamento com alarme, N. obteve o critério de sucesso, sendo orientada, então, a iniciar a prevenção de recaída. No entanto, alegou pouca disponibilidade por conta de problemas profissionais e acadêmicos, adiando em um mês a realização do procedimento, que não completou. Permaneceu mais três meses utilizando o alarme, sem episódios, e só teve motivação para reiniciar a prevenção de recaída novamente quando teve dois escapes. N. também relatou insegurança em relação ao problema, por conta desses dois episódios, mesmo tendo ficado três meses seca, como relatado.

Caso 3

V., sexo feminino, tinha 19 anos quando sua mãe procurou a clínica psicológica após uma tentativa frustrada de um tratamento farmacológico com antidepressivo. A cliente afirmava apresentar episódios todos os dias, uma vez por noite, além de, durante o dia, ir ao banheiro muitas vezes seguidas, por receio de ter um escape. Segundo ela, o intervalo entre idas ao toalete chegava a meia hora. No entanto, observava-se que V. permanecia os 50 minutos da sessão sem ir ao banheiro.

Ao iniciar o atendimento semanal, realizou-se uma avaliação que poderia ser complementada apenas com exames médicos, já que os sintomas diurnos significativos poderiam indicar uma condição clínica que alteraria a forma de tratamento comportamental. V., no entanto, adiava constantemente a consulta médica, alegando falta de tempo e outras dificuldades.

Aproximadamente na quarta sessão, o uso do alarme foi introduzido. Inicialmente a cliente relatou usar corretamente o aparelho, chegando a ter, inclusive, uma diminuição das noites molhadas para três ou quatro por semana.

Em sessão, a paciente relatava sentir muita vergonha do fato de molhar a cama. Dizia ter que mentir para o namorado, que não sabia de seu problema e acreditava que ela comparecia aos atendimentos em busca de auxílio psicológico para outras questões. A cliente reclamava com frequência de não poder dormir na casa do namorado, pois tinha medo de como ele e sua família reagiriam caso ocorresse um escape noturno. Além disso, os pais da cliente eram pouco tolerantes com o problema, culpando-a por sua condição e punindo-a com brigas e insultos.

Após três meses de atendimento, alegando problemas familiares que não a ajudavam a prosseguir com o tratamento, a cliente abandonou o uso do aparelho e não compareceu mais às sessões. Neste momento, o número de noites molhadas se mantinha em torno de três vezes por semana. Ao realizar um novo contato com a cliente, cinco meses após sua desistência, a mesma informou que depois do abandono do uso do alarme, teve poucos episódios, que cessaram após um mês e não voltaram a ocorrer.

Caso 4

F. era um jovem de 19 anos que procurou a clínica relatando episódios de enurese com frequência igual a sete vezes por semana. Dois anos antes, a mãe do cliente havia procurado atendimento psicológico para ele em uma clínica particular, entretanto, após duas semanas, desistiram, alegando não terem visto nenhum resultado ou redução das molhadas.

No início do tratamento, F. começou um relacionamento e contou à namorada sobre sua condição. De acordo com seus relatos, ela reagiu bem diante da notícia, dizendo não estranhar sua situação e se oferecendo para ajudá-lo no que pudesse.

Após quatro sessões, o uso do alarme foi proposto e bem aceito pelo cliente, que dizia querer iniciar rapidamente o tratamento.

Com aproximadamente dois meses de tratamento, o cliente abandonou o uso do alarme, pois sua casa estava passando por uma reforma, e sua mãe dizia não poder lavar tantos lençóis quanto fossem necessários trocar durante a noite.

De acordo com os relatos de F., sua mãe parecia não apoiar a realização do tratamento, tornando necessário que, após três faltas consecutivas, que poderiam fazer com que ele fosse desligado da clínica, fosse realizado um atendimento conjunto entre cliente, mãe e estagiária. Neste encontro, a mãe relatou não entender qual a função dos encontros semanais e chegou a dizer que o alarme daria muito trabalho para ela, que teria que lavar muitos lençóis por noite e, por isso, ela não dava apoio ao tratamento naquele momento. Nessa sessão, F. reclamou sentir falta da ajuda da mãe na realização do tratamento.

Duas semanas depois, após ter interrompido o tratamento por um mês, o cliente voltou a utilizar o alarme, e dizia seguir corretamente os procedimentos de uso. Em apenas um mês, F. conseguiu ficar 14 noites consecutivas sem molhar a cama, podendo, assim, iniciar o processo de prevenção de recaída, que também foi realizado com sucesso.

F. se manteve no atendimento por cerca de seis meses, sendo que, no último, decidiu suspender as sessões em virtude da indisponibilidade de horários, após ele ter iniciado em um novo emprego. A partir de então, foi realizado o acompanhamento telefônico do uso do alarme.

Cerca de cinco meses após o encerramento do tratamento, foi realizado um novo contato telefônico com o cliente, que relatou ter ficado quatro meses sem molhar a cama, tendo três episódios em dias distintos naquele mês. O cliente também relatou ter se casado com a namorada já mencionada. F. explicou ainda que não pretende procurar outro tipo de tratamento para a enurese, nem mesmo voltar a usar o alarme.

A partir da exposição dos casos acima, percebemos que existe o risco de que a enurese, quando não tratada, possa se estender indefinidamente, o que vai contra o senso comum muitas vezes empregado por profissionais da saúde de que o problema "desaparece sozinho".

A frequência inicial de episódios é variada, abrangendo desde poucos episódios por mês até episódios diários. A alta frequência indica a severidade da enurese que, nesses casos, esteve associada aos dois pacientes com menor adesão e maiores dificuldades para obter sucesso. A relação entre alta frequência e dificuldade na obtenção do sucesso é esperada e relatada na literatura (Jensen e Kristensen, 2001).

Apenas um dos participantes não havia realizado tratamento prévio. No entanto, todos haviam procurado, anteriormente, algum tipo de ajuda.

Verifica-se que, apesar do impacto emocional provocado pela enurese estar presente em três dos quatro casos, o quadro não impediu o desenvolvimento de uma vida social plena, já que todos os participantes estudavam e/ou trabalhavam e namoravam. Entretanto, o medo da descoberta ou da incompreensão do(a) parceiro(a) foi uma constante em todos os casos.

Em relação ao resultado do tratamento, o nível de sucesso inicial foi bom, tendo ocorrido em três dos quatro casos, sendo que a paciente que não o alcançou durante o tratamento teve remissão dos episódios logo em seguida. Entretanto, dois dos três participantes que obtiveram o sucesso inicial apresentaram ainda episódios esporádicos, o que não lhes permitia ficar totalmente seguros de que o problema não voltaria. Essa situação pode estar relacionada à afirmação de Yucel e colaboradores (2004), de que a fisiologia da enurese em adultos é distinta e precisa de maiores esclarecimentos para, inclusive, se entender como tratá-la.

O nível de adesão foi a principal dificuldade enfrentada no tratamento desses pacientes, e pode ser um indicativo de que o tratamento da enurese com alarme para adultos pode precisar de ajustes quando comparado ao de crianças e adolescentes. Inicialmente, problemas pessoais e profissionais dificultam o seguimento de todos os procedimentos relatados. Aparentemente, o tratamento assume um valor secundário frente a outras atividades, como o trabalho e o estudo.

Desta forma, a experiência com esses adultos não confirma a expectativa gerada pelo trabalho de Daibs e colaboradores (2010), segundo o qual o impacto aumenta com a idade, o que poderia significar uma maior adesão ao tratamento, já que a eliminação da enurese seria mais reforçadora. Esses dados mostram, no entanto, que após tantos anos convivendo com o transtorno, esses adultos possivelmente já tenham aprendido a lidar com parte das dificuldades que ele traz, de forma que parar de molhar a cama pode ter deixado de ser tão reforçador, pois os clientes sabem que, para alcançar este objetivo, têm de seguir um tratamento muito custoso. É possível, ainda, que os adultos tenham descrença em relação à possibilidade de sucesso, já que convivem há tanto tempo com o problema.

Outra expectativa não atingida foi a relacionada ao trabalho de Pereira e Silvares (em produção), na qual os adolescentes desistiram significativamente menos do que as crianças. Embora apenas um dos pacientes tenha de fato desistido, a adesão em geral não foi boa. Uma hipótese para esse fato é que, no caso dos adultos, a decisão de manter ou encerrar o tratamento é unicamente deles, enquanto com crianças e adolescentes a decisão é tomada geralmente pela família.

Pôde-se observar, ainda, no relato dos pacientes, o medo de que os episódios voltem a ocorrer, mesmo após o sucesso do tratamento. A partir disso, podemos hipotetizar que a enurese leva ao estabelecimento de dificuldades emocionais e de comportamento que podem se manter mesmo após ser eliminada, reforçando a importância de diagnosticar e tratar o transtorno o quanto antes.

Ao observarmos os quatro casos de adultos com enurese sendo tratados com o alarme de urina, foi possível ver que todos alcançaram em algum momento o critério de sucesso. Tais dados nos mostram que o tratamento de adultos com enurese tem chances de sucesso. No entanto, a dificuldade no seguimento das regras de uso do aparelho e os episódios de recaída colocaram em dúvida o quão efetivo pode ser o tratamento para essa faixa etária.

As limitações no desenvolvimento deste trabalho ocorreram em virtude da dificuldade em obter os dados do tratamento que deveriam ser escritos pelos clientes, explicando se haviam feito uso correto do aparelho, se tiveram episódios de molhada ou não naquela noite, entre outros. Para uma melhor possibilidade de investigação do tratamento com alarme para esta faixa etária, torna-se importante a realização de um estudo mais sistematizado com uma população maior, que permita analisar melhor os resultados da intervenção e as características da enurese em adultos.

Agradecimentos

À Profa. Dra. Edwiges Ferreira de Mattos Silvares e ao Dr. Rodrigo Fernando Pereira pelas supervisões dos casos e pelo auxílio na elaboração do capítulo.

Pontos para lembrar

- A enurese em indivíduos da idade adulta é ainda um assunto pouco estudado, entretanto, sabe-se que sua prevalência está entre 1 e 2% nos adultos jovens.
- Ainda não existem estudos que demonstrem a efetividade do uso do alarme para o tratamento de adultos. Já a desmopressina não apresenta resultados muito animadores nestes pacientes.
- Embora se mostrassem muito impactados pelo problema, percebemos que, para os pacientes descritos neste capítulo, o tratamento foi deixado em segundo plano, em decorrência de problemas familiares e questões profissionais, que parecem assumir maior importância em suas vidas.
- Mesmo ao atingirem o critério de sucesso, os pacientes se mostravam inseguros com o fato de que o problema havia de fato cessado, chegando, inclusive, a pedir a continuação do uso do alarme, como uma forma de garantir que o sucesso do tratamento continuaria.

Perguntas de revisão

1. Qual a prevalência da enurese em adultos jovens?
   a) Raríssima
   b) Entre 1 e 2%
   c) 10%

2. Quais os mecanismos fisiológicos envolvidos na enurese em adultos?
   a) Atraso no desenvolvimento do sistema nervoso.
   b) Deficiência na secreção de vasopressina.
   c) Ainda não há clareza sobre a fisiologia da enurese em adultos.

3. Qual a principal dificuldade encontrada no tratamento dos pacientes relatados?
   a) Falta de adesão ao tratamento.
   b) Insucesso do tratamento.
   c) Não compreensão das instruções.

Respostas: 1.b 2.c 3.a

Referências

Achenbach, T. M. (2001). *Manual for the youth self-report and 2001 profile*. Burlington: University of Vermont.

Butler, R. J. (1994). *Nocturnal enuresis: The child's experience*. Oxford: Butterworth--Heinemann.

Butler, R. J., & Holland, P. (2000). The three systems: A conceptual way of understanding nocturnal enuresis. *Scandinavian Journal of Urology and Nephrology, 34*(4), 270-277.

Butler, R. J., Golding, J., Northstone, K., & ALSPAC Study Team. (2005). Nocturnal enuresis at 7.5 years old: Prevalence and analysis of clinical signs. *Brazilian Journal of Urology International, 96*(3), 404-410.

Daibs, Y. S., Pereira. R. F., Emerich, D. R., & Silvares, E. F. M. (2010). Enurese noturna: Impacto em crianças e adolescentes e a tolerância dos pais. *Interação em Psicologia, 14*, 175-183.

Hirasing, R. A., Leerdam, F. J., Bolk-Bennink, L., & Janknegt, R. A. (1997). Enuresis nocturna in adults. *Scandinavian Journal of Urology and Nephorology, 31*(6), 533-536.

Jensen, N., & Kristensen, G. (2001). Frequency of nightly wetting and the efficiency of alarm treatment of nocturnal enuresis. *Scandinavian Journal of Urology and Nephrology, 35*(5), 357-363.

Nevéus, T., Eggert, P., Evans, J., Macedo, A., Rittig, S., Tekgül. S., et al. (2010). Evaluation of and treatment of monosymptomatic enuresis: A standardization document from the International Children's Continence Society. *The Journal of Urology, 183*(2), 441-447.

Pereira, R. F., & Silvares, E. F. M. (2006). Estudo de caso: Prevenção de recaída para criança e adolescente enuréticos com remissão espontânea. *Interação em Psicologia, 10*(1), 169-174.

Pereira, R. F., & Silvares, E. F. M. (no prelo). Adesão em saúde e psicoterapia: Conceituação e aplicação na enurese noturna. *Psicologia USP*.

Pereira, R., Daibs, Y. S., Porto, P., Prette, G., & Silvares, E. F. M. (2012). Acompanhamento presencial e à distância para o tratamento da enurese noturna com alarme. *Estudos de Psicologia, 29*, 182-193.

Robertson, G., Rittig, S., Kovacs, L., Gaskill, M. B., Zee, P., & Nanninga, J. (1999). Pathophysiology and treatment of enuresis in adults. *Scandinavian Journal of Urology and Nephology, 202*, 36-39.

Vandersteen, D. R., & Husmann, D. A. (1999). Treatment of primary nocturnal enuresis persisting into childhood. *The Journal of Urology, 161*(1), 90-92.

Yucel, S., Kutlu, O., Kukul, E., & Baykara, M. (2004). Impact of urodynamics in treatment of primary nocturnal enuresis persisting into adulthood. *Urology, 64*(5), 1010-1025.

12
Tratamento da enurese com supervisão a distância a partir de um serviço-escola de psicologia

NOEL JOSÉ DIAS DA COSTA

Introdução

Este capítulo descreve uma proposta na qual a supervisão a distância, mediada pela internet, é utilizada na orientação do tratamento da enurese noturna (EN) com uso de alarme a partir de um serviço-escola (SE) de psicologia. São também apresentados resultados de uma pesquisa feita sobre essa modalidade de disseminação de conhecimento clínico e científico.

A necessidade da inversão do fluxo de atendimento dos SE e a importância de novas modalidades de atendimento

Definição de SE

A clínica-escola de psicologia é mais adequadamente considerada como um tipo de serviço-escola, um local dentre os vários possíveis para estágio dos alunos de graduação da disciplina de psicologia. Esse termo é também usado por outros autores (Ferreira, 2005; Santos, 2007; Villela, 2008). Por ser mais apropriado e abrangente, neste estudo optou-se por usar o termo serviço-escola (SE) no lugar de clínica-escola.

Esse conceito difere muito da visão tradicional, na qual os SE das instituições de ensino superior teriam sido criados para satisfazerem as necessidades dos alu-

> **A visão tradicional de clínicas-escola focalizava prioritariamente o ensino de psicoterapia individual e não favorecia a produção científica e as necessidades da população em geral.**

nos do curso de psicologia. Ou seja, para fornecer estágios aos alunos. O atendimento aconteceria como uma condição importante porque os estudantes necessitavam de clientes para as suas atividades de estágio (Mello, 1975). O SE, então, era visto como um espaço de treinamento em psicoterapia individual, muitas vezes percebido como distante da produção científica e das necessidades sociais. Dessa forma, as demandas sociais mais amplas não eram atendidas, e os serviços se restringiam a uma pequena parcela da sociedade (Ferreira, 2005). Nesse modelo, os atendimentos se dariam apenas aos clientes que se dirigissem ao SE em sua procura.

A função dos SE

A Lei Federal 4.119, de 27 de agosto de 1962, regulamentou a profissão do psicólogo e oficialmente os cursos de psicologia foram instituídos pelo Parecer 403/62, de 19 de dezembro de 1962, que definiu o chamado currículo mínimo, vigente nas graduações brasileiras até 1996. Essa exigência foi entendida pelas instituições formadoras como a necessidade de estruturar uma clínica-escola. Esta passou a oferecer às comunidades locais serviços psicológicos seguindo modelo clínico individual, comum na prática médica. Os SE tinham, então, dupla função:

1. Proporcionar aos graduandos concluintes a possibilidade de prática;
2. Dar atendimento psicológico no modelo individualizado para a comunidade carente (Löhr e Silvares, 2006).

    A escolha desse modelo de atendimento pelos SE ocorreu principalmente pelo fato de a área da psicologia clínica ser a que mais propiciou aos psicólogos o trabalho de forma autônoma (Mello, 1975). Esta preferência pela clínica particular tornava o trabalho dos psicólogos restrito à população economicamente privilegiada e o fazia ficar preso à ambiguidade do termo "Clínica Psicológica", que permitia que fossem incluídas, numa mesma nomenclatura, todas as atividades e serviços que faziam parte de diversas áreas da psicologia.

    Os SE enfatizaram como função a aprendizagem do estagiário, estabelecida a partir dos modelos existentes e dos profissionais disponíveis, não considerando as características da população, as demandas existentes e as necessidades sociais. Estas eram consideradas como secundárias, formando estagiários com condutas orientadas pelos seus interesses, pelas técnicas de trabalho a exercitar ou pelas necessidades dos alunos.

Segundo D'Ajello (2002), os SE priorizavam o conveniente para a "formação do aluno" e não para o atendimento de necessidades sociais. Ancona Lopez (1981) confirma esse dado em seus estudos que avaliaram os trabalhos oferecidos pelos SE existentes em São Paulo, no final da década de 1970, e descobriu que os serviços oferecidos à população não atendiam às suas necessidades. Resultados semelhantes chamaram a atenção de pesquisadores como Carvalho e Terzis (1988), Santos (1990) e Santos e colaboradores (1993), que realizaram pesquisas sobre as características dos serviços-escola e encontraram semelhantes problemas com relação à prioridade desses serviços serem orientados para necessidades puramente acadêmicas. As descobertas de Ancona Lopez (1981) motivaram estudos e pesquisas para descobrir novas práticas de atendimento psicológico, ao longo das duas últimas décadas do século XX. Larrabure (1982), Ancona Lopez (1987), Yehia (1994) e Ancona Lopez (1996), com o objetivo de melhorar a qualidade dos serviços prestados pelos SE à população, deixaram uma contribuição importante em relação a isso.

Os estudos de Santos e colaboradores (1993), de caracterização da clientela adolescente e adulta do SE da USP-Ribeirão Preto, entre 1987 e 1989, constataram um elevado nível de desistência, também encontrado em outros SE e em serviços públicos de atendimento psicológico à população. Esse dado pode indicar que, nesses contextos, o cliente deve se adequar aos modelos oferecidos em detrimento de receber o atendimento mais indicado às suas necessidades (Löhr e Silvares, 2006).

> A maturidade da psicologia brasileira parece ter caminhado na mesma direção das políticas governamentais que definiram diretrizes curriculares de maior consciência social e assim ampliaram o alcance dos serviços-escola.

A busca de um entendimento de como melhorar a atuação dos SE levou Silvares a propor para a Associação Nacional de Pesquisa e Pós-graduação em Psicologia (ANPEPP) a criação de um grupo de trabalho em serviços-escola, que se reúne em todos os encontros da ANPEPP e sintetiza as pesquisas e discussões de temas pertinentes aos serviços-escola realizados pelos membros do grupo, no intervalo entre os encontros que ocorrem a cada dois anos.

Esse tema encontrou espaço nos debates governamentais em 2004, visando redimensionar as atividades propostas pelos serviços-escola, por intermédio da Oficina Aprender SUS, promovida pelo Ministério da Saúde em parceria com o Ministério da Educação. Nesse debate, tomou espaço a importância de os cursos de formação em profissões da saúde capacitarem futuros profissionais dessa área na condução de ações de saúde pública, muitas delas atreladas ao SUS. Isso requer uma aliança entre os Ministérios da Saúde e da Educação, pois envolve ações em saúde pública e também a participação das instituições formadoras, ao incluírem na graduação disciplinas e outras atividades que capacitem os futuros profissionais para atuação em saúde comunitária.

Por que inverter o fluxo de atendimento nos SE?

A forma de atendimento tradicional utilizada pelos SE tem recebido severas críticas (p. ex., Macedo, 1984; Sanches, 1985; Carvalho e Terzis, 1988; Silvares, 2000; Löhr e Silvares, 2006). Somam-se a esses, Witter e colaboradores (1992), que apontam para a carência de pesquisas sobre a organização, os processos e a eficiência dos atendimentos oferecidos como estágio para os alunos de psicologia. Eles concluem pela importância de investigações sobre as formas mais eficientes de proporcionar aos estagiários a melhor formação e de facilitar-lhes mais a sua inserção na realidade social existente.

Esforços nessa direção foram empreendidos por Silvares em seu estudo no SE do Instituto de Psicologia da Universidade de São Paulo – IPUSP – (Silvares, 2000). Como exemplo dessa atuação do SE, Silvares apresenta alternativa para o atendimento psicológico na modalidade de intervenção comunitária, propondo um programa em que a clínica vai à escola e propicia o atendimento de crianças, inovando o trabalho psicológico. Ela apresenta a ideia de sucursal do SE, que pode ser um espaço situado próximo a um grupo de clientes de risco, alvo de um ou mais programas de intervenção clínica do SE, e que permita o acesso do quadro básico do SE para implantação dos programas de intervenção clínica.

Em sua pesquisa, Silvares utilizou uma escola de educação básica na periferia do município de São Paulo como sucursal do SE do IPUSP. O atendimento se deu com 107 crianças, sendo 30 indicadas e 77 não indicadas pelos professores como portadoras de algum problema comportamental. Também foram atendidos os seus professores. A intervenção se deu de forma grupal em sala destinada ao projeto.

Os resultados demonstraram a eficiência da proposta de inversão do caminho tradicional do SE. O principal benefício dessa inversão de fluxo de atendimento é a diminuição da desistência, uma vez que a maior parte dos clientes dos SE são de baixa renda e residem distante do SE. Muitos desistem, portanto, pela falta de recursos para o transporte. Além disso, o aluno estagiário também é beneficiado por sua inserção na realidade social em que o cliente se encontra e pela interação com outros profissionais que o recebem na sucursal. Essa experiência proporciona ao aluno o desenvolvimento de habilidades essenciais para a sua futura prática profissional (Silvares, 1998, 2000).

Harold e Harold (1993) também descrevem clínicas sediadas em escolas públicas nos EUA como a solução para as necessidades na área da saúde mental de adolescentes. Esse fato evidencia, já há algum tempo, a existência de iniciativas de pesquisadores isolados na busca de uma ampliação da intervenção psicológica.

A supervisão a distância mediada pela internet como alternativa ao atendimento dos SE

Definição de supervisão em psicologia

O termo supervisão, segundo vários dicionários, refere-se a dirigir, orientar, inspecionar. Em sua origem, a palavra supervisor significa àquele que revisa, aquele que vê. A atividade consolidou-se durante a Idade Média e se referia ao tipo de relação existente entre o mestre de ofício e os aprendizes.

A supervisão faz parte do processo educativo em que o supervisor terá como tarefa ajudar o supervisionando a encontrar dentro de si, e com a ajuda dos colegas, algo preexistente que foi sendo acumulado dentro do departamento do conhecimento e que tem que ser drenado para fora de sua cápsula. A supervisão sugere a existência de alguém mais experiente que possa lançar um novo olhar ao trabalho do outro.

> A supervisão clínica a distância pela internet pode ser uma alternativa ao atendimento dos SE que contribui para a ampliação do seu papel formativo.

A supervisão clínica é uma tarefa que exige, ao mesmo tempo, técnica, arte e sensibilidade. Os múltiplos aspectos envolvidos fazem dela um ato clínico, porque, antes de tudo, é uma ação de acolhimento, de sustentação à alteridade (Távora, 2002). Sem dúvida, o supervisor em psicologia necessita de um preparo técnico superior, mas também de habilidades terapêuticas bem aprimoradas, pois ele tem sobre si a responsabilidade de treinar futuros terapeutas.

A supervisão a distância

O uso da supervisão a distância é bastante difundido em várias áreas do conhecimento, como saúde, educação e informática. Ela surgiu pela urgência que a sociedade atual impõe aos profissionais para uma atualização contínua (Lévy, 2001) e pela necessidade deles em obter treinamento flexível para lidar com possíveis mudanças na execução de suas tarefas. Para tanto, o profissional precisa aprender novas habilidades cognitivas e sociais de alto nível, tais como: a resolução de problemas, flexibilidade, agilidade, busca de soluções, o que exige uma contínua e sólida fundamentação científica e tecnológica (Haddad e Draxler, 2002).

Relato de trabalho para o tratamento da enurese com supervisão a distância

Participantes

> O estudo de supervisão pela internet pode ser visto como modelo a ser implantado em maior escala.

Foram participantes desse estudo n=40 psicólogos, de ambos os sexos, de diferentes regiões do país, divididos em dois grupos: G1 – psicólogos com experiência inferior a 10 anos (n=27) – menos experientes e G2 – psicólogos com experiência superior a 10 anos (n=13) – mais experientes. Também foram participantes os clientes atendidos por eles no projeto. Os psicólogos realizaram atendimentos em serviços-escola, unidades básicas de saúde ou em consultório particular. A Tabela 12.1 mostra dados sociodemográficos, de formação e de atendimento pelos psicólogos experientes e inexperientes, e a Tabela 12.2, os dos clientes por eles atendidos.

Do total dos participantes, 30 são do sexo feminino e 10 são do sexo masculino. O G1 (N=27) – menos experiente – teve 20 participantes do sexo feminino e 7 do sexo masculino. O G2 (N=13) – mais experiente – teve 10 participantes do sexo feminino e 3 do sexo masculino. Esse dado reflete o perfil encontrado pela pesquisa realizada com psicólogos inscritos no Conselho Federal de Psicologia quanto à predominância do sexo feminino, que chega a 91% na categoria (www.psicologia-online.org.br).

Não há diferença significativa, do ponto de vista estatístico, entre os dois grupos, quanto ao sexo pelo Teste Exato de Fisher (p=1,000).

A média de idade dos participantes foi de 37,6 anos no geral (dp=11,29); de 32,3 no G1 (dp=8,99) e de 48,5 no G2 (dp=6,72). Essa diferença entre os dois grupos é significativa e, como era de se esperar, menor para o G1; aplicando-se o teste de médias não pareadas (p=0,001), favorece-se o G2.

Do total dos participantes, 23 (57,5%) eram da Região Sudeste, 10 (25%) eram da Região Sul, 4 (10%) da Região Norte, 2 (5%) da Região Nordeste e 1 (2,5%) da Região Centro-Oeste. Esses dados refletem a concentração do número de psicólogos no eixo Sudeste-sul, onde se encontra também o maior núme-

Tabela 12.1 DISTRIBUIÇÃO DOS PSICÓLOGOS PARTICIPANTES POR SITUAÇÃO DO ATENDIMENTO, SEXO, IDADE, LOCALIZAÇÃO, EXPERIÊNCIA EM ANOS, GRAU DE FORMAÇÃO (G=, INSTITUIÇÃO DE FORMAÇÃO, MÍDIA DE CONTATO COM O PROJETO ENURESE, MESES DE ATENDIMENTO E NÚMERO MÉDIO DE CONTATOS MENSAIS)

Id	Sexo	Idade	Localização (UF)	Experiência (anos)	Formação	Instituição	Contatos (absoluto)	Meses de atendo.	Contatos mensais (média)
1 KN	F	23	RS	1	G	UNASP	26	9	2,1
2 YD	M	25	BA	1	G	UNASP	28	5	5,6
3 YM	F	22	PR	1	G	UNICENP	20	12	1,6
4 LB	F	26	SP	1	G	UNASP	13	3	4,3
5 FA	F	46	AM	1	G	UNASP	12	3	4
6 NB	M	24	RS	1	G	PUCRS	4	2	2
7 FK	M	36	SP	1	G	UNIBAN	5	2	2,5
8 EP	F	49	SP	1	G	UNASP	18	3,5	5,1
9 SB	M	30	RJ	3	P	UFRJ	31	7	2,5
10 GP	F	26	SP	3	P	UAP	38	8	4,2
11 ZN	F	48	SP	3	G	USM	16	4	4
12 WE	F	25	SC	3	G	PUCPR	29	8	2,4
13 XO	F	40	PR	3	P	UNINGÁ	18	3	3
14 A2	F	40	PR	3	P	UNINGÁ	18	3	3
15 QZ	M	24	SP	3	G	UFMS	10	3	3,3
16 MI	F	25	SP	3	P	UNORP	5	2	2,5
17 CS	F	27	MT	3	P	FIMT	3	2	1,5
18 SB	M	25	MG	3	P	UFJF	10	5	2
19 TS	F	32	PR	4	P	USP	13	3	4,3
20 RB	F	45	PA	7	P	CEUB	6	2	3
21 HX	M	28	SP	5	P	FMU	12	3	4,0
22 PQ	F	27	SP	6	G	UMC	26	5,5	4,7

(Continua)

Tabela 12.1 DISTRIBUIÇÃO DOS PSICÓLOGOS PARTICIPANTES POR SITUAÇÃO DO ATENDIMENTO, SEXO, IDADE, LOCALIZAÇÃO, EXPERIÊNCIA EM ANOS, GRAU DE FORMAÇÃO (G=, INSTITUIÇÃO DE FORMAÇÃO, MÍDIA DE CONTATO COM O PROJETO ENURESE, MESES DE ATENDIMENTO E NÚMERO MÉDIO DE CONTATOS MENSAIS) (continuação)

Id	Sexo	Idade	Localização (UF)	Experiência (anos)	Formação	Instituição	Contatos (absoluto)	Meses de atendo.	Contatos mensais (média)
23 QS	F	30	MG	6	P	UFU	8	2,5	3,2
24 MV	F	32	PR	7	G	UNIPAR	20	5	4
25 NT	F	32	PR	4	P	UFPR	13	3	4,3
26 NB	F	52	AM	8	P	ULBRA	25	6	4,1
27 FS	F	32	SP	8	P	UNISAL	5	3	5
28 SQ	F	38	RN	10	P	UFF	16	5	3,2
29 IU	F	55	SP	10	P	UNIP	4	3	1,3
30 AV	F	42	SP	14	P	UNIMAR	10	4,5	2,2
31 DF	F	50	MG	14	P	UFMG	5	3	5
32 JB	F	46	RS	18	P	UPF	20	5	4
33 BC	M	53	ES	18	P	UFMG	4	2	2
34 CQ	M	46	SP	18	P	UERJ	12	8	2
35 GF	M	46	SP	19	P	UNIP	10	5	2
36 BM	F	41	RJ	22	P	FAHUPE	12	8	1,5
37 RI	F	49	SP	24	P	MACKENZIE	9	3,5	2,5
38 TP	F	51	RJ	25	P	UFRJ	4	2	2
39 EA	F	50	SP	28	P	UMC	3	1	3
40 OL	F	64	AC	37	P	USP	4	2	2

ro de cursos de psicologia do país. Quanto à experiência profissional, 27 participantes compuseram o G1 (com menos de 10 anos de experiência), e 13 fizeram parte do G2 (com mais de 10 anos de experiência). A média da experiência profissional do total dos participantes era de 8,6 anos (dp=9,13); do G1, de 3,2 anos (dp=2,53) e do G2, de 19,7 anos (dp=7,54).

> Os participantes interessados pelo modelo de supervisão a distância mostram a diversidade da população que pode ser servida pelo modelo.

Do total dos participantes, 28 (70%) tinham pós-graduação e 12 (30%) tinham graduação. O G1 tinha 15 participantes (55,6%) com pós-graduação e 12 (44,4%) com graduação. Todos os participantes do G2 tinham pós-graduação. Os resultados do Teste Exato de Fisher apresentam diferença significativa, em favor do G2 (p=0,004), quanto à formação.

Tabela 12.2 DISTRIBUIÇÃO DOS CLIENTES POR PSICÓLOGO RESPONSÁVEL, SEXO, IDADE, TIPO DE ENURESE (PRIMÁRIA OU SECUNDÁRIA) E TIPO DE TRATAMENTO ANTERIOR (NENHUM, MEDICAMENTOSO, PSICOLÓGICO, MEDICAMENTOSO E PSICOLÓGICO)

Psicólogo	Identificação (cliente)	Sexo (cliente)	Idade (cliente)	Tipo de EN	Tratamento anterior
		G1			
1 KN	C01	F	8	prim	nenhum
2 YD	C02	M	11	prim	medic.
3 YM	C03	M	6	prim	medic.
4 LB	C04	M	8	prim	nenhum
5 FA	C05	M	7	prim	nenhum
6 NB	C06	F	12	prim	medic.
7 FK	C07	M	10	prim	nenhum
8 EP	C08	M	9	prim	medic.
9 SB	C09	M	13	secund	nenhum
10 GP	C10	F	9	prim	medic.
11 ZN	C11	M	8	prim	nenhum
12 WE	C12	M	12	prim	psic. – medic.
13 XO	C13	M	9	prim	psic. – medic
14 A2	C14	M	6	prim	nenhum
15 QZ	C15	F	10	prim	nenhum
16 MI	-	-	-	-	-
17 CS	-	-	-	-	-
18 SB	-	-	-	-	-
19 TS	C16	F	7	prim	psic.
20 RB	C17	M	12	prim	nenhum

(Continua)

Tabela 12.2 DISTRIBUIÇÃO DOS CLIENTES POR PSICÓLOGO RESPONSÁVEL, SEXO, IDADE, TIPO DE ENURESE (PRIMÁRIA OU SECUNDÁRIA) E TIPO DE TRATAMENTO ANTERIOR (NENHUM, MEDICAMENTOSO, PSICOLÓGICO, MEDICAMENTOSO E PSICOLÓGICO) (continuação)

Psicólogo	Identificação (cliente)	Sexo (cliente)	Idade (cliente)	Tipo de EN	Tratamento anterior
		G2			
21 HX	C18	F	10	prim	nenhum
22 PQ	C19	F	7	prim	nenhum
23 QS	C20	M	8	prim	nenhum
24 MV	C21	M	14	prim	psic.
25 NT	C22	F	7	prim	psic.
26 NS	-	-	-	-	-
27 FS	C23	F	11	prim	nenhum
		G2			
28 SQ	C24	F	14	prim	med
29 IU	C25	M	9	prim	psic
30 AV	C26	F	9	prim	nenhum
31 DF	C27	M	7	prim	med
32 JB	C28	M	12	prim	med
33 BC	C29	M	10	prim	medic.
34 CQ	C30	M	9	prim	med
35 GF	C31	M	10	prim	medic.
36 BM	C32	F	9	prim	psic.
37 RI	C33	M	14	prim	medic.
38 TP	C34	M	12	prim	medic.
39 EA	C35	M	8	prim	med
40 OL	C36	F	17	prim	psic.

Do total dos participantes, 23 (63,9%) são do sexo masculino e 13 (36,1%) são do sexo feminino, o que reflete os dados da literatura quanto à prevalência da EN. Segundo Butler (2004), há uma prevalência de 15 a 22% entre os meninos e entre 7 a 15% entre as meninas, até os 7 anos de idade.

A média de idade dos clientes era de 9,8 anos (dp=2,60). Do total, 24 (66,7%) apresentaram idade entre 6 e 10 anos de idade e os demais tinham idade entre 11 e 17 anos. Essa população encontrava-se numa condição muito desfavorável, uma vez que não sendo tratada precocemente, a enurese tende a agravar-se com o tempo e, em alguns casos, continua até a vida adulta (Butler, 2004).

Quanto ao tipo de Enurese, houve apenas um caso de EN secundária, o que confirma Houts (1991) sobre a prevalência da EN primária em 80% dos casos.

A busca por tratamento anterior foi vivenciada por 22 clientes, sendo que 14 deles tentaram primeiro o tratamento medicamentoso (38,9%). A segunda modalidade de tratamento mais frequente foi o psicológico (16,7%). Resultados semelhantes foram encontrados em outros trabalhos nos quais se verificou a predominância do tratamento medicamentoso como primeira alternativa. É provável que, em muitos casos, esse fosse o único tratamento disponível (Costa, 2005; Costa e Silvares, 2003).

> Os dados dos clientes com enurese replicam os dados da literatura de atendimento presencial: problema prevalente em meninos, com idade em que a sintomatologia pode se agravar, e que já se buscaram outras formas de atendimento sem sucesso.

Compromisso dos serviços-escola e das UBS

Os serviços-escola e as UBS participantes da pesquisa facilitaram o atendimento disponibilizando a infraestrutura necessária, as dependências e, principalmente, o acesso à internet. Os supervisores dos SE comprometeram-se a acompanhar os estagiários participantes e a informar qualquer dificuldade existente.

Intervenção

Do pesquisador com os psicólogos

1. Recrutamento e treinamento: o recrutamento se deu por intermédio dos contatos, pela internet ou pelo telefone, por parte dos interessados. Para facilitar o processo, foi construído um *site* (www.projetoenurese.com.br), desenvolvido e hospedado pela empresa Neting Host (www.netinghost.com.br), com informações sobre enurese e o Projeto Enurese, possibilitando as inscrições no atendimento.

   O treinamento foi oferecido pela internet, de forma interativa, com troca de mensagens e arquivos com informações teóricas sobre os procedimentos de tratamento. Todos os participantes interagiram com o supervisor de acordo com a sua necessidade. Para todos os casos, seguiu-se basicamente o seguinte procedimento:

- Inicialmente, após o contato, foram enviadas ao psicólogo as informações gerais sobre a enurese como: etiologia, prevalência e formas de tratamento. Também foram oferecidas informações sobre o Projeto Enurese e as pesquisas mais recentes sobre o tema.
- Uma vez satisfeitas as respostas às indagações iniciais, foram enviados aos psicólogos participantes o formulário de inscrição e a ficha de informações do cliente.
- Ainda nessa fase inicial, os psicólogos participantes foram orientados sobre os aspectos éticos da pesquisa e então solicitados a ler atentamente os Termos de Consentimento Livre e Esclarecido (TCLE) que eles e seus clientes deveriam assinar.
- Somente após a leitura e a compreensão de todas as informações e devolvidos os TCLE assinados, deu-se início ao atendimento do cliente participante.

2. Supervisões: as supervisões se deram na frequência em que os psicólogos participantes necessitavam. Alguns solicitavam o comparecimento de forma semanal, outros quinzenal, outros de forma aleatória. Pelo menos uma vez a cada quinze dias, os participantes forneciam informações sobre a evolução dos atendimentos, independentemente de necessitarem ou não de orientação sobre o tratamento. Em alguns poucos casos, quando o terapeuta participante ultrapassava 40 dias sem informações, o supervisor tomava a iniciativa de enviar mensagem solicitando dados sobre a evolução do caso.
3. Introdução do aparelho de alarme: a introdução do aparelho de alarme no tratamento deu-se em momentos diferentes para os diversos casos atendidos nesse estudo. O envio do mesmo foi efetivado pelo correio, após ser disponibilizado um cheque-caução para garantia de devolução do equipamento. A entrega do aparelho era precedida por uma orientação detalhada sobre seu uso, utilizando-se documento impresso com instruções gerais, e a realização de um ensaio comportamental visando facilitar a compreensão do processo.
4. Conclusão do atendimento: para os casos bem-sucedidos, a conclusão se deu após ser atingido o critério de alta. O cliente e seus pais eram, então, reforçados quanto às práticas mantenedoras do controle e informados sobre os procedimentos de seguimento, que se dariam em um, três e seis meses. Também eram orientados a buscar novamente o tratamento no caso de recidiva ou recorrência.

Uma vez devolvido o aparelho de alarme, era enviado o cheque-caução e finalizado o atendimento.

Dos psicólogos com os clientes

1. Sessões terapêuticas: os atendimentos se deram por uma sessão semanal. Os responsáveis também foram atendidos, uma vez por semana. As sessões eram estruturadas de forma que se discutiam inicialmente questões relativas ao tratamento e depois eram tratadas outras demandas do cliente. Após atender o cliente, eram ouvidos seus responsáveis, na maioria dos casos só a mãe. Nesse atendimento, realizava-se uma orientação psicoeducacional visando à instalação ou promoção de práticas parentais positivas que possibilitam uma melhor interação familiar e outras contingências. Buscava-se também abordar as demandas próprias dos pais que estivessem relacionadas com o tratamento de seu filho.
2. Estrutura do atendimento: o atendimento seguiu três fases distintas:
    - Fase I: nessa fase foi realizada a avaliação do quadro da enurese, buscando confirmar o diagnóstico e a possibilidade da presença de outros fatores que pudessem estar mantendo a queixa. Também avaliou-se o seguimento de regras por parte da criança e as condições do ambiente familiar para a introdução do aparelho. Durante essa fase, o cliente foi atendido uma vez por semana, como também seus pais, e não se utilizou ainda o aparelho de alarme. A duração média dessa fase foi de três semanas em média.
    - Fase II: nessa fase foi introduzido o uso do aparelho de alarme, como relatado na sessão anterior, com a leitura das instruções gerais e a realização de um ensaio comportamental. Em cada sessão subsequente, foi apresentado ao psicólogo o registro de molhadas semanais para ser analisado junto com o cliente. Essa fase prosseguiu até que se atingiu a alta no tratamento. O período previsto para esta fase foi de no máximo 37 semanas. As fases I e II teriam, portanto, duração média de 40 semanas.
    - Fase III: nessa fase ocorreu o seguimento, *follow up*, que se deu por meio de contatos telefônicos no primeiro, no terceiro e no sexto mês após a alta. Em caso de recaída, reiniciou-seu o uso do aparelho.

3. Treinamento em resolução de conflitos familiares: para muitos pais, as questões emergentes diziam respeito às dúvidas quanto ao estabelecimento de limites e à tolerância, bem como aos conflitos relacionados com aspectos educativos. O psicólogo, muitas vezes, deveria intervir com um treinamento em resolução de conflitos, oferecendo aos pais possibilidades de aumento de seu repertório, evitando práticas educativas negativas e formas equivocadas de tratar os conflitos familiares.

Aparelho de alarme de urina

Como já mencionado, utilizou-se nesse estudo um aparelho de alarme de urina de fabricação nacional como adjunto auxiliar no tratamento da EN. O modelo utilizado é similar ao de fabricação inglesa e consiste em um tapete-sensor (circuito flexível de alumínio, em poliéster), que é ligado por um cabo a uma pequena caixa sonora (alarme sonoro, semelhante a um despertador eletrônico). O tapete-sensor é colocado sobre o colchão e debaixo do lençol, e a caixa sonora é colocada ao lado da cama, conforme representado esquematicamente pela Figura 12.1.

Resultados

Foram participantes desse estudo 40 psicólogos, dos quais 36 apresentaram dados relativos aos seus clientes. Do total dos psicólogos inscritos, 15 concluíram o

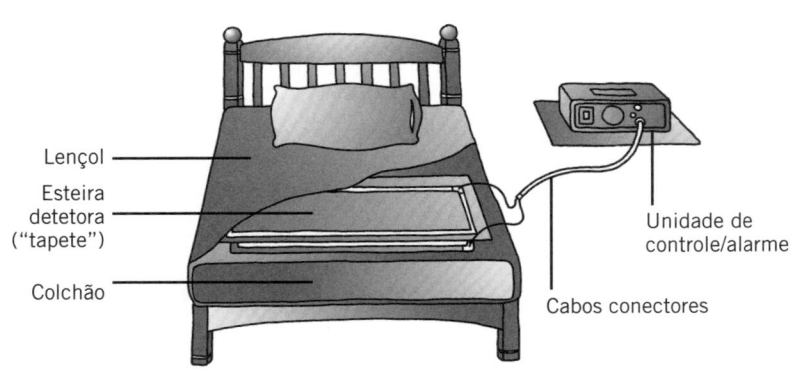

Figura 12.1
Representação esquemática do aparelho de alarme nacional.

tratamento, tendo seus clientes atingido o critério de alta, 2 concluíram sem que os clientes tivessem conseguido atingi-lo, 13 descontinuaram o tratamento e 6 matinham-se em tratamento até o momento de encerramento do estudo. Os que se encontravam ainda em atendimento não foram incluídos na análise, bem como aqueles que não enviaram as informações de seus clientes.

Aspectos práticos do tratamento

Os aspectos práticos do tratamento que mais estiveram presentes nos conteúdos das supervisões de ambos os grupos foram o funcionamento do aparelho de alarme, a orientação psicoeducacional aos pais dos clientes e outras demandas emergentes do cliente apresentadas em terapia.

Funcionamento do aparelho de alarme

O uso de tecnologia em terapia exige treinamento específico. O aparelho de alarme para enurese é pouco conhecido em nível nacional, e sua aplicação foi novidade para todos os participantes. Por isso, todos eles solicitaram informações adicionais, além daquelas já enviadas no início do processo. Como mencionado, o alarme apresentou funcionamento instável para alguns clientes. Alguns queixaram-se de acionamento involuntário do alarme, sem a presença de urina. Outros reclamaram pelo não funcionamento quando na apresentação dos episódios. Alguns tiveram dificuldades quanto à melhor forma de uso do aparelho para clientes obesos ou para os casos em que o colchão era muito flácido.

Apesar de os aparelhos serem enviados com as instruções de uso, e essas serem lidas e explicadas aos clientes, alguns deles tiveram dificuldades em compreendê-las. Algumas mensagens dos terapeutas, principalmente do G1, trouxeram solicitação de mais esclarecimento tanto sobre o uso do aparelho em situações específicas quanto como solucionar problemas de mal funcionamento.

A seguir, um exemplo de mensagem dessa categoria:

> [sic] "Parece que YS deu uma recaída no mês de janeiro quando passou por uma cirurgia e foi retirado todo o medicamento. Agora parece já ter voltado ao índice anterior. No entanto, não conseguiu ainda os 15 dias consecutivos. Parece que mudou bastante a qualidade da molhada: menos volume, ele acorda, ou só molha o pijama. Mas queria te dizer também que o segundo equipamento começou a dar problema, a disparar sem estar molhado, e YS e os pais me pediram para parar de usar. Eu permiti até conversar com você. Observo também que a enurese já não ocupa um papel central na família e ja não é um assunto principal. Aguardo orientação sua."

Orientação psicoeducacional aos pais

Todos os participantes do G1 e três participantes do G2 solicitaram subsídios para oferecer uma adequada orientação psicoeducacional aos pais. A maioria das questões diziam respeito ao estabelecimento de práticas educativas positivas e ao manejo de contingências familiares. Foi muito frequente também a busca de orientações para a baixa adesão ou dificuldades no seguimento de regras. Alguns pais de crianças maiores e adolescentes queixavam-se da dificuldade de lidar com as flutuações de humor de seus filhos e outras demandas próprias desta faixa etária.

Alguns participantes do G1 encontraram dificuldades quanto a conseguir a adesão dos pais no tratamento. As mães geralmente mostravam-se mais comprometidas que os pais. Estes, quando se envolviam, manifestavam forte intolerância e limitações no aspecto relacional. O padrão de interação era muitas vezes pobre e carregado de punições, o que dificultava mais ainda o tratamento. Com esses, foi preciso dedicar mais tempo em orientação.

A seguir, um modelo de mensagem com esse conteúdo:

> [sic] "Aqui vai o registro de LM. Ela ficou seca a semana inteira, sem dificuldades de acordar à noite para urinar (ela e os pais referiram que ela conseguiu acordar por ter percebido que a bexiga estava cheia), mas você não imagina a última..... uma surpresa... os pais me disseram na última sessão que ela agora passou a dormir no mesmo quarto que eles, em camas separadas, porque, antes, no quarto dela, sozinha, ela contou a eles que preferia fazer xixi na cama a ter que levantar à noite e fazer xixi no banheiro, pois tinha medo de levantar..... No quarto dos pais, como há um banheiro por perto, e eles estão no mesmo ambiente, ela levanta tranquilamente e vai ao banheiro... ai ai ai, por essa eu não esperava! Ela nunca comentou isso nem comigo e, até onde eu sei, nem com os pais!!
> Quer dizer, tudo parece indicar que ela já desenvolveu o controle urinário, e o problema agora é o medo de levantar à noite. Tem luzes acesas pela casa durante à noite, mas mesmo assim ela tem medo..."

Outras demandas do cliente

Alguns clientes manifestavam outras demandas que influenciavam o seu comportamento geral. As mais frequentes diziam respeito a problemas de internalização: timidez, retraimento e ansiedade. Mas também surgiram dificuldades com problemas de externalização como falta de seguimento de regras, comportamento agressivo (algumas vezes violento), pequenos furtos, depressão, autoestima baixa, obesidade e problemas de aprendizagem. Também houve um relativo número de problemas de divergência conjugal.

Essas questões, juntamente com outras menos frequentes, ocuparam considerável espaço nas sessões terapêuticas. Os participantes do G1 apresentavam as suas dúvidas e, depois de praticar na sessão terapêutica o que recebiam como orientação, forneciam retorno para verificar se haviam agido de forma adequada.

A seguir, um exemplo de mensagem com outras demandas:

> [sic] "Esta semana FT levou o aparelho para casa. Fiz uma visita domiciliar antes. Foi bacana, ele reagiu com agressividade, não querendo me mostrar onde era seu quarto e suas coisas. Ultimanente ele vem reagindo com violência na escola, quebrando merendeira nos colegas, quando se vê frustrado em qualquer coisa. Percebi que não acreditava que eu iria e se assustou ao me ver cumprindo o combinado. Achei a casa muito desorganizada, e passou pela minha cabeça que as reações dele sejam ante a desorganização, sendo ele muito organizado. Discuti com a neuropediatra e concluimos que talvez fosse importante a entrada da psiquiatria, mas como ele está rejeitando qualquer contato novo, preferimos que ela mesma medicasse. Ele está fazendo uso de sertralina, junto ao depacote, pensamos em "depressão reativa". E, nas últimas sessões, percebi sofrimento e descontrole. Já deu uma melhorada esta semana e pediu que levasse o aparelho, que quer tentar muito. Vamos torcer."

Aspectos teóricos do tratamento

A fundamentação do tratamento

Os participantes do G1, em especial, solicitaram orientações que diziam respeito às bases conceituais e teóricas do tratamento. Todos eles, em algum momento, manifestaram espontaneamente a busca por informações dessa natureza, como, por exemplo:

a) os operantes e os respondentes envolvidos no comportamento enurético;
b) a relação entre o biológico e o ambiental na determinação e manutenção da enurese;
c) os estilos parentais e sua influência no tratamento.

A compreensão do racional do tratamento

Todos os participantes do G1 e apenas um do G2 solicitaram orientação na busca de compreensão do racional do tratamento. A experiência clínica parece ter sido o fator dessa diferença. Por se tratar de um tratamento de grande complexidade, a compreensão de suas bases e funcionamento é imprescindível, principalmente porque ele depende muito do engajamento do cliente, que necessita também de orientação precisa. Quanto mais bem informado, maior a chance de o cliente se envolver e obter sucesso no tratamento.

Aspectos teóricos sobre a enurese

Os participantes de ambos os grupos solicitaram a supervisão na busca de informações sobre aspectos teóricos da enurese. Suas dúvidas principais nessa categoria diziam respeito ao diagnóstico, à etiologia e à comorbidades. A principal dúvida quanto ao diagnóstico dizia respeito ao diagnóstico diferencial da incontinência diurna. Quanto à etiologia, surgiram dúvidas quanto aos aspectos biológicos e sua relação com os fatores comportamentais. Para vários psicólogos participantes, a enurese era compreendida como efeito de problemas comportamentais. Para responder a essas e outras questões, foram utilizados artigos científicos recentes sobre os temas e outras fontes esclarecedoras.

Aspectos do terapeuta

Dificuldades pessoais

Dos participantes do G1, cinco apresentaram suas dificuldades pessoais nas mensagens e, dos participantes do G2, apenas um as apresentou. As dificuldades apresentadas foram:

a) falta de experiência no atendimento infanto-juvenil;
b) déficit de habilidades para lidar com divergência conjugal dos pais de seus clientes;
c) resistência ao lidar com problemas da adolescência.

Algumas dessas questões exigiram mais do que o esperado para a supervisão propriamente dita. Foi preciso oferecer algum tipo de orientação para lidar com essas demandas.

Informações acadêmicas

A solicitação por esse tipo de informações foi feita por apenas três participantes do G1. Eles solicitaram informações sobre como obter formação complementar na abordagem cognitivo-comportamental, ou no atendimento aos problemas comportamentais na infância e adolescência, ou, ainda, como dar prosseguimento aos estudos nos programas de pós-graduação da Universidade de São Paulo.

Conclusão

O estudo demonstrou a viabilidade dessa modalidade de atendimento, para a superação da queixa de enurese. Demonstrou ainda que é confirmada nossa hipótese de que essa modalidade de atendimento pode ser aplicada em serviços-escola de psicologia, podendo-se valer da internet para a supervisão a distância. Eles também apontam para a importância da instrução adequada nos primeiros contatos, e a certificação de que houve completo entendimento da mesma, para que todas as etapas da avaliação e intervenção clínica comportamental sejam devidamente cumpridas pelo supervisionando.

Pontos para lembrar

- A inversão do fluxo de atendimento nos serviços-escola busca maior alcance da comunidade e aprimoramento da formação dos alunos.
- A supervisão a distância é uma das formas alternativas de atendimento, disseminando o conhecimento gerado por pesquisas na universidade diretamente com profissionais que lidam com a população.
- A supervisão a distância no tratamento da enurese é uma iniciativa viável para alcançar crianças que não têm acesso a centros especializados.

Perguntas de revisão

1. Por que a busca por novas modalidades de atendimento em serviços-escola de psicologia é importante?
   a) Porque assim os alunos aprendem mais uma forma de psicoterapia e a clientela tem a seu dispor mais uma modalidade de atendimento.
   b) Porque a psicologia é uma disciplina que não é neutra e que tem que se preocupar com questões sociais que lhe dizem respeito.
   c) Ambas as alternativas anteriores.

2. Dos dados do estudo sobre supervisão a distancia pela internet, destacam-se:
   a) Nenhuma das alternativas está correta.
   b) O fato de os psicólogos participantes menos experientes precisarem de menos contato com o supervisor.
   c) O fato de os dados dos clientes participantes não replicarem os dados da literatura de atendimento presencial.
   d) O fato de a demanda na supervisão a distancia abranger apenas aspectos práticos e não teóricos, tal como na supervisão presencial.
3. Qual das alternativas abaixo não foi uma dificuldade relatada no estudo?
   a) Descontinuidade do tratamento.
   b) Falta de experiência dos terapeutas.
   c) Alto custo do tratamento.
   d) Dificuldades para lidar com problemas da infância e adolescência.

Respostas: 1. c 2. a 3. c

Referências

Ancona-Lopes, M. (Org.). (1987). *Avaliação da inteligência.* São Paulo: EPU.

Ancona-Lopez, M. (1981). *Avaliação de serviços de psicologia clínica* (Dissertação de mestrado). Pontifícia Universidade Católica, São Paulo.

Ancona-Lopez, M. (1996). Caminho de acesso à análise crítica das práticas psicológicas alternativas. In *Anais do VI Simpósio de Pesquisa e Intercâmbio Científico da ANPEPP,* Teresópolis.

Butler, R. J. (2004). Childhood nocturnal enuresis: developing a conceptual framework. *Clinical Psychology Review, 24*(8), 909-931.

Carvalho, R. M. L. L., & Térzis, A. (1998). Caracterização da população atendida na clínica escola do Instituto de Psicologia. *Estudos de Psicologia, 1,* 112-125.

Costa, N. J. D. (2005). *A enurese noturna na adolescência e a intervenção comportamental em grupo x individual com uso de aparelho nacional de alarme* (Dissertação de mestrado). Instituto de Psicologia, Universidade de São Paulo, São Paulo.

Costa, N. J. D., & Silvares, E. F. M. (2003). Enurese na adolescência: estudo de caso com intervenção comportamental. *Interação em Psicologia, 7*(1), 9-18.

D'Ajello, A. (2002). *Avaliação da clínica-escola do SAP.* Florianópolis: Universidade Federal de Santa Catarina.

Ferreira, V. (2005). *Características dos serviços-escola dos cursos de graduação em Psicologia do meio-oeste catarinense* (Dissertação de mestrado). Universidade Federal de Santa Catarina, Florianópolis.

Haddad, W. D. (2002). Technologies for education and learning: more than meets the eye. *Journal TechKnowLogia, 4*(1), 5-6.

Harold, R. D., & Harold, N. B. (1993). School-based clinics: A response to the physical and mental health needs of adolescents. *Health and Social Word, 18*(1), 65-74.

Houts, A. C. (1991). Nocturnal enuresis as a biobehavioral problem. *Behavior Therapy, 22*(2), 133-151.

Larrabure, S. A. L. (1986). Grupo de espera em instituição. In R. M. Macedo (Org.), *Psicologia e instituição: novas formas de atendimento*. São Paulo: Cortez.

Lévy, P. (2001). *A conexão planetária: O mercado, o ciberespaço, a consciência*. São Paulo: Editora 31.

Löhr, S. S., & Silvares, E. F. M. (2006). Clínica-escola: Integração da formação acadêmica com as necessidades da comunidade. In E. F. M. Silvares (Org.), *Atendimento psicológico em clínicas-escola* (pp. 11-22). Campinas: Alínea.

Macedo, R. M. (1984). *Psicologia e instituição: novas formas de atendimento*. São Paulo: Cortez.

Mello, S. L. (1975). *Psicologia e profissão em São Paulo*. São Paulo: Ática.

Sanchez, N. A. (1985). *Estudos epidemiológicos de clientes da clínica-escola do Departamento de Psicologia da Universidade de Uberlândia* (Dissertação de mestrado). Pontifícia Universidade Católica, Campinas.

Santos, M. A. (1990). Caracterização da clientela de uma clínica psicológica da Prefeitura de São Paulo. *Arquivos Brasileiros de Psicologia, 42*(2), 79-94.

Santos, M. A. (2007). Psicoterapia psicanalítica: Aplicações no tratamento de pacientes com problemas relacionados ao uso de álcool e outras drogas. *SMAD, Revista Eletrônica Saúde Mental Álcool e Drogas. (Ed. port.), 3*(1), 1-15

Santos, M. A., Moura, L., Pasian, S. R., & Ribeiro, P. L. L. (1993). Caracterização da clientela de adolescentes e adultos de uma clínica-escola de psicologia. *Psicologia: Teoria e Pesquisa, 9*(1), 123-144.

Silvares, E. F. M. (1998). *Clínicas-escola: Novas formas de atendimento psicológico* (Tese de livre-docência não publicada). Instituto de Psicologia, Universidade de São Paulo, São Paulo.

Silvares, E. F. M. (2000). Invertendo o caminho tradicional do atendimento psicológico em uma clínica-escola brasileira. *Estudos de Psicologia, 5*(1), 149-180.

Tavora, M. T. (2002). Um modelo de supervisão clínica na formação do estudante de psicologia: A experiência da UFC. *Psicologia em Estudo, 7*(1), 121-130.

Vilela, E. M. B. (2008). O papel do serviço-escola de psicologia no atendimento ao deficiente visual. *Estudos de Psicologia, 25*(4), 535-545.

Witter, G. P., Witter, C., Yukimitsu, M. T. C. P., & Gonçalves, C. L. C. (1992). Atuação do psicólogo escolar e educacional no Brasil: Perspectivas através de textos (1980-1992). In Conselho Federal de Psicologia, *Psicólogo brasileiro: Construção de novos espaços* (pp. 23-53). Campinas: Átomo.

Yehia, G. Y. (1994). *Psicodiagnóstico fenomenológico existencial: Espaço de participação e mudança* (Dissertação de mestrado). Pontifícia Universidade Católica, São Paulo.

13
Adesão ao tratamento e principais dificuldades

JULIA DE PAIVA GONÇALVES

Introdução

A não adesão ao tratamento tem sido um fenômeno de preocupação mundial, o que tem feito com que profissionais das mais diversas áreas da saúde tenham se ocupado e se preocupado com esse fenômeno (Leite e Vasconcellos, 2003). É por esse motivo que a análise dos fatores associados à adesão é de fundamental importância para a melhoria das políticas e das práticas de saúde, voltando-se para que o tratamento se torne mais efetivo e seja mais acessível à população (Nemes et al., 2009). Essas questões também são de grande importância para os tratamentos de crianças que têm enurese.

Este capítulo tem a intenção de apresentar as principais dificuldades enfrentadas por profissionais da área da saúde no tratamento da enurese, como a não adesão, os conflitos familiares perante o tratamento e a reação a ele.

> **Atenção!**
> Das pessoas que iniciam tratamento psicoterápico, 50% desistem do tratamento precocemente.

Adesão em saúde e em psicoterapia

A desistência precoce da psicoterapia é um dos obstáculos para estudos sobre saúde mental. Isso pode ser observado quando se constata que 50% das pessoas que iniciam um tratamento psicoterápico desistem do tratamento precocemente (Pereira e Silvares, em produção). Outros estudos já discutem que a desistência da psicoterapia ocorre por dois motivos, quando os resultados alcançados não são os desejados (Wierzbicki e Pekarik, 1993) e quando o cliente não está satisfeito com o atendimento realizado (Nagy e Wolfe, 1984).

> **Atenção!**
> Adesão: comportamento do paciente que coincide com o que lhe é indicado pelo terapeuta.

Na área de saúde, para considerarmos se há ou não adesão a um tratamento, além de verificar a frequência do cliente nos encontros terapêuticos, deve-se conferir se o cliente está seguindo as sugestões oferecidas nesses encontros. Já na prática psicoterápica, considera-se que o principal aspecto da adesão é o paciente estar em terapia, ou seja, o paciente frequentar as sessões terapêuticas indicadas. Neste capítulo, o termo adesão refere-se ao comportamento do paciente que coincide com o que lhe é indicado pelo terapeuta (Peck, 1977).

Para definirmos a desistência da terapia, temos dois modos: o primeiro é quando os clientes não seguem o planejamento da terapia, desistindo de frequentar as sessões; no segundo modo, o terapeuta julga que houve desistência do tratamento por ausência nos atendimentos. O segundo modo é o mais frequente nas pesquisas, pois os terapeutas têm a capacidade de perceber rapidamente quando o cliente irá desistir do tratamento. Já o outro modelo de categorizar a desistência é menos frequente na literatura, pois, muitas vezes, o paciente não aderiu ao tratamento, porém continua frequentando as sessões. Nesse caso, seria considerado ainda participante do tratamento (Wierzbicki e Pekarik, 1993).

> **Atenção!**
> Comportamentos que envolvem a não adesão: não querer procurar ajuda, rejeição a procedimentos, sessões irregulares, interrupções nos atendimentos e não cumprimento das orientações.

A não adesão a um tratamento envolve diversos comportamentos, como, por exemplo, não querer procurar ajuda; rejeitar alguns procedimentos necessários, como exames laboratoriais; comparecer às sessões de forma irregular; interromper os atendimentos e não cumprir as orientações. Já os pacientes relatam que não aderiram ao tratamento por se sentirem frustrados com os resultados que conseguem observar, por não obterem apoio social e por terem dificuldade de comparecer às sessões marcadas (Tanesi et al., 2007).

Estudos sobre a desistência da psicoterapia constataram que jovens adultos desistem mais da terapia do que adultos mais velhos. Porém, quando comparados os adultos com crianças, os primeiros desistem mais do tratamento psicoterápico do que os segundos. Clientes que não são casados desistem mais do que os casados; mas, no caso das crianças, observou-se maior incidência de desistência da terapia de crianças cujos pais são casados do que daquelas com pais separados. Quanto ao gênero, as pessoas do sexo feminino desistem mais da terapia do

> **Atenção!**
> Uma boa aliança terapêutica pode favorecer a adesão ao tratamento.

que as do sexo masculino, esses números aplicam-se tanto para adultos quanto para crianças (Wierzbicki e Pekarik, 1993).

Apesar de toda essa discussão sobre o que pode ou não aumentar a adesão, não há muitos estudos sobre estratégias para lidar com esse tipo de situação (Dumbar-Jacob e Mortimer-Stephens, 2001). Porém, alguns outros estudos afirmam que a adesão ao tratamento pode ser melhorada por quem aplica a técnica (Dumbar-Jacob, 1993), ou seja, a aliança terapêutica é um dos fatores importantes para que haja uma boa adesão ao tratamento (Samstag et al., 1998).

Embora as discussões não apresentem recomendações para o aumento da adesão, Scott e Pope (2002) citam algumas sugestões para a prática clínica.

- Assumir que a adesão é um problema que surgirá durante o tratamento e que esse problema é significativo;
- Utilizar perguntas que façam com que o cliente se sinta ameaçado para verificar se há algum problema com a adesão;
- Encorajar discussões sobre possíveis problemas, dificuldades no tratamento e como esses problemas e dificuldades poderiam ser solucionados;
- Fornecer informações claras para o cliente sobre sua condição, sua doença e seu tratamento;
- Utilizar estratégias e rotinas para que o paciente consiga seguir melhor seu tratamento;
- Discutir os benefícios e os malefícios da adesão ao tratamento;
- Incluir a família em discussões e pedir ajuda para seguir o tratamento;
- Manter contato direto com os pacientes nos períodos de risco de não adesão;
- Aceitar que o paciente não queira seguir conselhos e estar pronto para manter o diálogo;

Adesão ao tratamento da enurese

A adesão ao tratamento da enurese é um assunto que ainda necessita de muitos estudos, pois são poucas as pesquisas que abordam essa temática tanto no Brasil como no cenário mundial.

Para o tratamento da enurese, é possível a utilização tanto de medicamentos, quanto de tratamento psicológico e outros tratamentos alternativos. A adesão a cada um desses tratamentos é variável de acordo com a modalidade terapêutica. Porém, qualquer um dos tratamentos apresentará adesão, pois a enurese gera um grande impacto no aspecto social da vida de crianças, adolescentes e adultos que sofrem desse problema. Apesar desses diversos tratamentos, o alarme é o tratamento de primeira linha, que recebe o grau A de recomendação pela ICCS (Hjalmas, 2004).

> **Atenção!**
> Pelo fato de a enurese causar um grande impacto social na vida da criança e do adolescente, na maioria dos casos, as pessoas têm uma boa aderência ao tratamento.

Das pessoas que procuram tratamento para enurese, cerca de 70% aderem ao tratamento, enquanto para outras doenças crônicas, como a asma e diabetes, a aderência ao tratamento é de 50% de seus portadores. Também é possível identificar que o tratamento medicamentoso tem uma taxa de adesão maior do que outros tipos de terapia. É interessante observar que as crianças e seus pais relataram que obtiveram maior adesão ao tratamento à medida que os resultados são alcançados, permitindo que as crianças se sentissem mais confiantes com sua própria aparência (Baeyens et al., 2009).

No caso específico do tratamento com alarme, uma das preocupações do terapeuta, em relação ao uso do alarme em si, é que, uma vez que ele envolve uma nova situação aversiva por acordar a criança por meio do som, não se criem contingências aversivas adicionais. Por exemplo, um pai pode reclamar do som do alarme, punindo o filho pelo episódio que o desencadeou, quando isso não acontecia anteriormente. Obviamente, isso pode atrapalhar o tratamento, já que a criança, não tendo controle sobre a urina, pode simplesmente deixar de ligar o alarme.

Além disso, o tratamento de espectro total, como descrito por Houts (2003), envolve não apenas minimizar as consequências aversivas, mas também fortalecer, pelo reforçamento positivo, as respostas que favoreçam o sucesso no tratamento. Recomenda-se, por exemplo, que os pais elogiem o seguimento das instruções por parte da criança e até ofereçam gratificações financeiras de acordo com o seguimento dos treinos envolvidos no tratamento.

O guia para o tratamento da enurese (Houts, 1991) é uma das formas auxiliares na mudança de contingências envolvida no processo. Logo nas primeiras páginas, o autor estabelece uma série de regras com as quais a família toda deve concordar. A Tabela 13.1 resume as principais instruções e quais suas funções em termos da análise do comportamento.

Na pesquisa realizada pelo Projeto Enurese do Laboratório de Terapia Comportamental do Instituto de Psicologia da USP, nenhum dos adolescentes que foram tratados por serem portadores de enurese desistiu do tratamento, enquanto no grupo de crianças de 6 a 10 anos com a mesma condição, a desistência foi

Tabela 13.1 FUNÇÕES COMPORTAMENTAIS DAS INSTRUÇÕES CONTIDAS NO GUIA DE TRATAMENTO DA ENURESE (HOUTS, 2003)

Instrução	Função
Concordar com o tratamento durante o tempo previsto.	• Evitar a desistência. • Manter os comportamentos relacionados ao tratamento até que o objetivo (controle da urina) seja alcançado.
Não punir, ralhar ou ridicularizar o molhar a cama.	• Retirar consequências aversivas relacionadas à resposta de molhar a cama.
Estabelecer horário de dormir.	• Favorecer o poder discriminativo da bexiga cheia, uma vez que a criança estará menos cansada.
Elogiar progressos.	• Reforçar positivamente as respostas de seguimento ao tratamento.
Não reclamar sobre o alarme. Oferecer um ambiente livre de estresse.	• Evitar que o alarme se torne um problema e remover outras situações aversivas, mesmo que não relacionadas ao tratamento.
Não solicitar trabalhos extras.	• Diminuir o esforço para participar do tratamento.
Fazer com que a criança ligue e desligue o alarme.	• Fortalecer o valor discriminativo da bexiga cheia e o contato com a consequência da micção inadequada.
Fazer com que a criança não se preocupe com molhadas esporádicas após o sucesso.	• Evitar que situações aversivas relacionadas aos episódios voltem a se instalar.

de 60% dos casos. Não houve nenhuma diferença na quantidade de desistência relacionada com escolaridade dos pais ou a frequência inicial das molhadas. Os dados do projeto também demonstraram que os problemas de comportamento não influenciam a desistência do tratamento.

Daibs e colaboradores (2010) explicam que o impacto sofrido pela criança e a intolerância dos pais aos episódios de molhadas aumenta conforme a idade da criança. Ou seja, quanto maior for a criança, maior é o impacto dos sintomas da enurese e maior a intolerância dos pais. Isso pode ser uma das causas para a maior adesão dos adolescentes ao tratamento, pois quanto mais aversivos são os episódios de enurese, mais reforçada será sua eliminação.

Outro aspecto a ser considerado com relação às crianças mais velhas e adolescentes apresentarem maior adesão ao tratamento de alarme é que eles já passaram por vários outros tratamentos e não obtiveram nenhum sucesso. Também é possível que a desistência dos adolescentes seja menor em razão do temor de que seu problema seja descoberto e das consequentes limitações (Viale-Val et al., 1984). Outro fator muito importante para que haja adesão e resolução da queixa, tanto para adolescentes quanto para crianças, é que a família coopere com o tratamento proposto para enurese.

> **Atenção!**
> Adolescentes aderem mais ao tratamento da enurese, pois seus episódios são mais aversivos.

Uma revisão (Glazener et al., 2006) que aborda este tema mostra que a desistência do tratamento com o alarme está estritamente ligada à dificuldade da família em aceitar as características do tratamento, que altera toda a rotina familiar.

A outra possibilidade de tratamento para a enurese é o tratamento medicamentoso com a desmopressina, esse medicamento pode ser utilizado em conjunto com o alarme e a terapia ou sozinho. Em pesquisas sobre a adesão ao tratamento medicamentoso, especificamente com esse medicamento, foi possível identificar que, no começo do tratamento, 77% dos pacientes seguiam a orientação médica e tomavam o medicamento corretamente, depois de três meses, essa porcentagem de pacientes diminuiu para 71%. Também, foi constatado que 41% dos pacientes têm uma boa resposta ao tratamento, diminuindo o número de molhadas durante a noite (Van Herzeele et al., 2009).

Então, é preciso considerar que a adesão nesse tipo de tratamento é tomar a medicação e seguir ordens médicas. Com esse estudo, foi possível constatar que essa adesão é extremamente alta no início do tratamento, porém vai diminuindo conforme o tempo de tratamento vai se prolongando, ou seja, quanto mais tempo o paciente tiver que tomar a medicação, menor será a chance de ele seguir as ordens médicas (Van Herzeele et al., 2009).

Apesar da desmopressina ser um tratamento diferente do alarme, a adesão ao tratamento da enurese com esse método também está intimamente ligada ao desejo da criança/adolescente e da família de querer se curar, pois é essa a motivação que leva as pessoas que têm enurese a continuarem seguindo o tratamento (Van Herzeele et al., 2009).

Considerações finais

A adesão é uma preocupação que deve ser levada em conta quando se inicia um tratamento de saúde, sendo ele psicoterápico ou não. Apesar de não ser uma questão muito estudada, as pesquisas a seu respeito conseguiram ser úteis para tentar alertar os terapeutas para possíveis desistências.

O tratamento da enurese com alarme é o mais indicado, tendo maior índice de cura do que qualquer outro, e por esse motivo ele é a primeira indicação para adolescentes e crianças que fazem xixi na cama. Porém, a falta de adesão ao tratamento faz com que apenas 65% da população que procura atendimento para enurese consiga alcançar o sucesso.

Para que um maior número de crianças consiga atingir o objetivo, que é ter noites secas, é preciso que se desenvolvam mais pesquisas sobre a adesão no tratamento da enurese, pois somente assim será possível identificarmos os melhores métodos a serem aplicados, por exemplo, no tratamento com alarme.

Dicas praticas para adesão no tratamento da enurese

Caso você, terapeuta, tenha algum paciente que apresente a queixa de enurese, é preciso prestar atenção em alguns aspectos para que se tenha certeza de que esse paciente e sua família estão aderindo ao tratamento proposto. E como podemos fazer essa verificação?

Inicialmente, é necessário que os pais sejam informados de maneira clara sobre os diversos tipos de tratamento, suas vantagens, limitações e dificuldades. Desta forma, eles podem dizer se estão dispostos ou não a se engajar. Além disso, o clínico pode ficar atento a outros sinais, ao longo do tratamento: o quanto os procedimentos são seguidos, frequência nos atendimentos, preenchimentos de registros, etc. Pode ser útil conversar separadamente com a criança, pois muitas vezes ela fala mais abertamente sobre o quanto as recomendações estão ou não sendo seguidas.

Se, a partir desses procedimentos, constatarmos que a família e/ou a criança estão desmotivadas, devemos então encontrar uma forma para que essas pessoas tornem-se novamente motivadas com o tratamento. E como podemos fazer isso? Devemos, então, mostrar para eles o quanto a enurese ainda pode impactá-los e ainda pode trazer muito desconforto social para toda a família. No entanto, não se deve exacerbar o aspecto negativo da enurese, já que ela, por si só, traz dificuldades que, mais cedo ou mais tarde, serão sentidas pela família e pela criança.

Perguntas de revisão

1. Quais são os dois modos de desistência da terapia?
    a) O primeiro é quando o cliente segue o planejamento da terapia, mas falta algumas vezes às sessões; o segundo modo é quando o paciente nunca apareceu a nenhuma sessão terapêutica.
    b) O primeiro é quando o cliente algumas vezes segue o planejamento da terapia; o segundo, quando o cliente é desligado pelo terapeuta.
    c) O primeiro é quando os clientes não seguem o planejamento da terapia, desistindo de frequentar as sessões; no segundo modo, o terapeuta julga que houve desistência do tratamento por ausência nos atendimentos.
    d) Nenhuma das alternativas anteriores.

2. Quais são as características dos pacientes que mais desistem dos tratamentos?
   a) São adultos jovens que ainda não são casados, do sexo feminino. No caso das crianças, também as meninas desistem mais do que os meninos e principalmente os filhos de pais casados.
   b) São idosos que são casados e do sexo masculino. No caso das crianças, são os meninos que desistem mais e principalmente filhos de pais separados.
   c) São adolescentes que não são casados, do sexo feminino. No caso das crianças, também são as meninas que desistem mais e principalmente os filhos de pais separados.
   d) Nenhuma das alternativas anteriores.

3. Por que as crianças mais velhas e os adolescentes aderem mais ao tratamento da enurese do as crianças pequenas?
   a) Porque os adolescentes são revoltados e sempre querem ser diferentes do que eles são, e porque seus pais não querem mais ter que esconder a enurese de seus filhos.
   b) Porque a enurese é mais aversiva para eles, pois seus pais já não aceitam mais que eles ainda não tenham o controle da bexiga. Também porque já passaram por muitos outros tratamentos que não deram certo e esperam que esse tratamento resolva o problema, e por medo que os amigos descubram seu segredo.
   c) Porque os adolescentes podem ir até o tratamento sozinhos e não dependem mais dos pais para irem às sessões de terapia, enquanto as crianças dependem de seus pais para continuarem em tratamento.
   d) Nenhuma das alternativas anteriores.

Respostas: 1.c 2.a 3.b

Agradecimentos

À Profa. Dra. Edwiges Ferreira de Mattos Silvares e ao Dr. Rodrigo Fernando Pereira pelo auxílio na elaboração do capítulo.

Referências

Baeyens, D., Lierman, A., Roeyers, H., Hoebeke, P., & Walle, J. V. (2009). Adherence in children with nocturnal enuresis. *Journal of Pediatric Urology, 5*(2), 105-109.

Daibs, Y. S., Pereira. R. F., Emerich, D. R., & Silvares, E. F. M. (2010). Enurese noturna: Impacto em crianças e adolescentes e a tolerância dos pais. *Interação em Psicologia, 14*, 175-183.

Dunbar-Jacob, J. (1993). Contributions to patient adherence: Is it time to share the blame? *Health Psychology, 12*(2), 91-92.

Dunbar-Jacob, J., & Mortimer-Stephens, M. K. (2001). Treatment adherence in chronic disease. *Journal of Clinical Epidemiology, 54*(Suppl 1), S57-S60.

Glazener, C. M., Evans, J. H, & Peto, R. E. (2005). Alarm interventions for nocturnal enuresis in children. *Cochrane Database of Systematic Reviews*, (2), CD002911.

Hjälmås, K., Arnold, T., Bower, W., Caione, P., Chiozza, L. M., von Gontard, A., et al. (2004). Nocturnal enuresis: An international evidence based management strategy. *The Journal of Urology, 171*(6 Pt 2), 2545-2561.

Houts, A. C. (1991). Nocturnal enuresis as a biobehavioral problem. *Behavior Therapy, 22*(2), 133-151.

Houts, A. C. (2003). Behavioral treatment for enuresis. In A. E. Kazdin & J. R. Weisz (Eds.), *Evidence-based psychotherapies for children and adolescents* (pp. 388-406). New York: Guilford.

Leite, S. N, & Vasconcellos, M. P. C. (2003). Adesão à terapêutica medicamentosa: Elementos para a discussão de conceitos e pressupostos adotados na literatura. *Ciência & Saúde Coletiva, 8*(3), 775-782.

Nagy, V. T., & Wolfe, G. R. (1984). Cognitive predictors of compliance in chronic disease patients. *Medical Care, 22*(10), 912-921.

Nemes, M. I. B, Castanheira, E. R. L., Santa Helena, E. T., Melchior, R., Caraciolo, J. M., Basso, C. R., et al. (2009). Adesão ao tratamento, acesso e qualidade da assistência em Aids no Brasil. *Revista da Associação de Medicina Brasileira, 55*(2), 207-212.

Peck, D. F. (1977). Compliance with therapeutic regimens. *Journal of Medical Ethics, 3*, 148-149.

Pereira, R. F., & Silvares, E. F. M. (no prelo). Adesão em saúde e psicoterapia: Conceituação e aplicação na enurese noturna. *Psicologia USP*.

Samstag, L. W., Batchelder, S. T., Muran, J. C., Safran, J. D., & Winston, A. (1998). Early Identification of Treatment Failures in Short-Term Psychotherapy. An assessment of therapeutic alliance and interpersonal behavior. *Journal of Psychotherapy Practice and Research, 7*(2), 126-143.

Scott, J., & Pope, M. (2002). Self-reported adherence to treatment with mood stabilizers, plasma levels and psychiatric hospitalization. *The American Journal of Psychiatry, 159*(11), 1927-1929.

Tanesi, P. H. V., Yazigi, L., Fiore, M. L. M., & Pitta, J. C. N. (2007). Adesão ao tratamento clínico no transtorno de personalidade. *Estudos de Psicologia, 12*(1), 71-78.

Van Herzeele, C., Alova, I., Evans, J., Eggert, P., Lottmann, H., Nørgaard, J. P., & Vande Walle, J. (2009). Poor compliance with primary nocturnal enuresis therapy may contribute to insufficient desmopressin response. *The Journal of Urology, 182*(4 Suppl), 2045-2049.

Viale-Val, G., Rosenthal, R. H., Curtiss, G., & Marohn, R. C. (1984). Dropout from adolescent psychotherapy: A preliminary study. *Journal of the American Academy of Child Psychiatry, 23*(5), 562-568.

Wierzbicki, M., & Pekarik, G. (1993). A meta-analysis of psychotherapy dropout. *Professional Psychology: research and practice, 24*(2), 190-195.

14

Projeto Enurese: 20 anos de tratamento com alarme no Brasil

GUILHERME RODRIGUES RAGGI PEREIRA

Introdução

O Projeto Enurese é um grupo de pesquisa ligado ao Laboratório de Terapia Comportamental (LTC) do Instituto de Psicologia da Universidade de São Paulo (IPUSP) que vem, há 20 anos, sob a orientação da Profa. Dra. Edwiges Ferreira de Mattos Silvares, produzindo pesquisas de ponta no cenário nacional. Este capítulo é uma retrospectiva histórica sobre o Projeto Enurese, olhando para seus avanços no conhecimento sobre a enurese noturna, para algumas das pessoas e pesquisas que fizeram parte dessa história, e para eventos que propiciaram mais de 10 anos de atividades.

Ensino, pesquisa e extensão

Assim como a universidade, regida pelo "tripé" ensino, pesquisa e extensão à comunidade, o Projeto Enurese é regido de forma semelhante: fornecendo formação clínica aos alunos, promovendo avanços científicos e atendendo gratuitamente a comunidade. As atividades são realizadas por alunos de graduação e pós-graduação, com auxílios de bolsas fornecidas por agências de fomento como o Conselho Nacional de Desenvolvimento Científico e Tecnológico (CNPq), a Coordenação de Aperfeiçoamento de Pessoal de Nível Superior (CAPES) e a Fundação de Amparo à Pesquisa do Estado de São Paulo (FAPESP), além de bolsas institucionais da própria USP.

Serviços-escola, problemas de comportamento e perspectiva dos pais

A Dra. Edwiges é professora titular no Departamento de Psicologia Clínica do IPUSP e seu interesse consiste em, dentre outras coisas, estudar os serviços-escola onde os alunos de psicologia iniciam seus atendimentos. Nesse sentido, estudar os problemas de comportamento que levam a encaminhamentos para as clínicas-escola foi fundamental na sua carreira, e essa influência pode ser vista aqui e nos outros trabalhos de seus alunos.

Ao estudar as dificuldades da criança, deve-se buscar informações junto aos adultos significativos, pois o relato dos pequenos é, em geral, insuficiente para estabelecer uma hipótese diagnóstica para posterior intervenção. Para maior segurança na avaliação, múltiplos informantes têm um papel crucial, por permitir captar a observação de pessoas que passam muitas vezes diferentes momentos com o avaliado, tendo diversas opiniões sobre este. Para tanto, o interesse da professora recaiu sobre o ASEBA (Achenbach's System of Empirically Based Assessment – Sistema Achenbach de Avaliação Empiricamente Baseada), composto de vários inventários, com particular importância para as pesquisas dos grupos CBCL e YSR, questionários destinados respectivamente aos adultos próximos para que respondam sobre as crianças e adolescentes e aos jovens (11 a 18 anos), para responderem sobre si mesmos (Achenbach e Rescorla, 2001).

Aproveitar o máximo de informação que puder ser captada dos pais é importante, mas deve-se levar em conta que essas opiniões não são livres de vieses pessoais, especialmente quando se referem a problemas de comportamento, já que estes podem ter efeitos negativos sobre a opinião desses adultos. Para tanto, uma Escala de Intolerância (Morgan e Young, 1977) também acompanhou as pesquisas do grupo, como forma de verificar o estilo parental quanto às dificuldades dos(as) filhos(as) em relação à sua enurese. Para a criança/adolescente, existe a Escala de Impacto (Salvo e Silvares, 2008), que avalia o impacto físico e psicológico da enurese noturna sobre o indivíduo. Dois estudos (Salvo e Silvares, 2008; Daibs et al., 2010) envolvendo essas escalas foram realizados sob orientação da Profa. Edwiges, os quais apontam tanto a utilidade quanto a validade do uso dessas escalas.

> O relato dos pais é importante, mas deve-se levar em conta que este pode ser afetado pela sua tolerância em relação ao problema do(a) filho(a).

Projeto Enurese: primeiros trabalhos

O tratamento com alarme feito pelo grupo passou por várias mudanças, que ocorreram em função das tentativas e descobertas feitas pela equipe, além da evolução da literatura internacional. Os objetivos deste capítulo são descrever cronologicamente como os métodos foram se desenvolvendo até chegarem ao estado atual, bem como fazer uma síntese dos direcionamentos mais recentes.

O Projeto Enurese foi criado em 1992, mas o primeiro trabalho acadêmico orientado pela Dra. Edwiges sobre enurese foi no mestrado de Diva Silva de Oliveira, em 1999, que contou com o uso de alarmes importados da Inglaterra, atendendo individual e presencialmente duas crianças que molhavam muito frequentemente suas camas. O sucesso desses dois casos foi completo e sem recaídas (verificadas em um seguimento de dez semanas), viabilizando o uso do alarme e marcando de forma promissora o início dos tratamentos que viriam a ser feitos no Brasil.

O uso de equipamentos importados dessa natureza era financeiramente inviável para pesquisas de maior porte. Em 2002, em parceria com a POLI-USP (Escola Politécnica) e com auxílio financeiro da FAPESP, alarmes nacionais puderam ser fabricados, possibilitando seu uso em maior escala. O maior acesso aos alarmes permitiu um atendimento mais frequente; assim, tornou-se interessante explorar a modalidade de atendimento presencial em grupo. Esse foi o tema do mestrado de Rosemar Aparecida Prota da Silva (2004), que tratou 24 crianças, divididas em 4 grupos, obtendo 62,5% de sucesso – taxa esperada pela literatura. Esse estudo também objetivou avaliar variações nos problemas de comportamento na visão dos pais, além de armazenar a evolução do tratamento por meio de registros semanais de molhadas, para poder comparar os momentos pré e pós-tratamento.

Sabendo que as duas modalidades de tratamento funcionam, o mestrado de Noel José Dias da Costa (2005) teve como objetivo comparar o atendimento presencial em grupo *versus* o atendimento individual, com uma população diferente da dos estudos anteriores: os adolescentes. Com 22 participantes, formou grupos dividindo 14 pacientes e atendeu individualmente os 8 restantes. O sucesso geral foi de 68,1%, taxa mais uma vez esperada pela literatura. Na comparação entre formas de intervenção, o atendimento individual foi melhor quanto ao tempo necessário para remissão do quadro e quanto à taxa de sucesso, todavia, essa diferença não foi muito significativa estatisticamente; quanto à probabilidade de alta, entretanto, e com importante significância, o estudo mostrou que a chance foi maior no atendimento individual em contraposição ao coletivo: 62,5% contra 28,6% (risco calculado para 5 meses, usando o teste de igualdade de sobrevida, com p=0,030). Outras informações interessantes fornecidas pela pesquisa incluem as informações de que adolescentes que apresentam mais molhadas por semana demoram mais para alcançar sucesso, assim como aqueles que faltam mais às sessões de psicoterapia. Esta última constatação corrobora a hipótese, mencionada anteriormente, que Silva fez em seu trabalho. Costa sugere também que o atendimento em grupo, apesar de ser ligeiramente menos eficiente em alguns termos em relação ao individual, tem outros fatores que o tornam preferível, como a aplicabilidade em instituições que têm grande demanda (como nos serviços-escola, por exemplo), além de ganhos sociais dos participantes; todavia, aponta que mais estudos devem ser feitos para averiguar todas essas informações.

Concluindo esse "período inicial" do Projeto Enurese, o mestrado de Rodrigo Fernando Pereira (2006) comparou atendimentos presenciais em grupo *versus* individuais e comparou o resultado de crianças *versus* adolescentes, obtendo resultados muito semelhantes em todas as formas comparadas, com 66% de sucesso total em uma amostra de 30 participantes. Essa comparação foi feita para evitar ter de confrontar os dados dos estudos precedentes, para evitar vieses entre terapeutas.

O mestrado de Pereira foi escolhido como fim desta primeira época porque ele sela a efetividade do tratamento com alarme nas mais diversas modalidades e abre caminho para a busca de variáveis que podem afetar o sucesso, além de corroborar o que Costa (2005) propõe, que o tratamento em grupo pode ser mais econômico e igualmente efetivo. Contemporaneamente a essa pesquisa, foi realizado o primeiro estudo de seguimento do grupo (Meneghello et al., 2006), que encontrou uma taxa de recaída de 9%, em uma amostra bastante limitada (n=24). Apesar da taxa aparentemente baixa, a recaída é um problema sério enfrentado pelos profissionais que fazem uso do alarme; no trabalho de Pereira, iniciou-se de forma sistemática o uso de procedimentos de prevenção de recaída, o que inclusive alterou o critério de alta para aquele que é usado pelo grupo hoje (14 noites secas mais 14 noites secas fazendo o procedimento de superaprendizagem).

> O Projeto Enurese trabalha com práticas baseadas em evidências. Portanto, ter demonstrado a eficiência do tratamento com alarme no Brasil, em várias modalidades, permitiu o avanço da terapia comportamental com alarme de urina para novas descobertas e desenvolvimentos importantes, além da aproximação com a comunidade, ponto-chave do trabalho clínico proposto pelo grupo.

O tratamento: desenvolvimentos mais recentes

Esse "primeiro ciclo" de pesquisas descritas (divisão do autor) permitiu demonstrar que o tratamento com alarme realizado no Brasil, com alarme fabricado no país, tem o mesmo índice de sucesso que aquele feito nos outros países. Como pôde-se notar, o índice de sucesso, que se situa entre 60% e 70%, é comparável ao da literatura internacional, mas é ainda um desafio, pois o tratamento, por vários motivos, não alcança entre 30 e 40% daqueles que o procuram. Tendo essas informações como parâmetro, o Projeto Enurese vem realizando pesquisas focadas em outras variáveis que afetam o tratamento, como se pode observar em pesquisas mais recentes.

No mestrado de Mariana Castro Arantes (2007), o objetivo foi descobrir se problemas de comportamento afetam o resultado do tratamento. Atendendo presencial e individualmente 20 crianças, metade com problemas de comportamento, metade sem, segundo os escores do CBCL, a pesquisa não encontrou diferenças estatisticamente significativas entre os grupos quanto aos resultados de curto e longo prazo (sucessos e recaídas). O único dado significativo foi o tempo de tratamento diferenciado, sendo que, em 12 semanas, a probabilidade de atingir sucesso foi de 86,11% para o grupo sem problemas de comportamento contra 10% para o outro grupo (teste de igualdade de distribuições de sobrevida, com log rank = 0,002), sendo que, em 20 semanas, os resultados foram de 100% contra 40%, respectivamente. Como essas diferenças não refletiram no resultado em si, apenas no tempo de tratamento, Arantes aponta como um provável indicador de que crianças com mais problemas comportamentais precisam de acompanhamento mais intensivo. Outro ponto interessante apontado pela pesquisa dessa autora é que os problemas de comportamento, na visão dos pais, apresentam, em média, um decréscimo pós-tratamento significativo estatisticamente para alguns tipos de problemas. Em um artigo (Pereira et al., 2009) publicado em 2009, o grupo constatou que o nível de problemas de comportamento diminui significativamente durante o acompanhamento presencial do tratamento, independentemente do resultado deste.

Mais recentemente, o doutorado de Pereira (2010) buscou verificar variáveis que possam influenciar o resultado dos tratamentos. Para isso, organizou grupos usados semelhantemente nos estudos anteriores, para comparar variáveis como: tipo de atendimento (presencial ou a distância), sexo e idade do participante, escolaridade dos pais, frequência inicial das molhadas, presença e nível de problemas de comportamento. Com esses critérios, atendeu 61 clientes (34 fizeram acompanhamento presencial e 27 o fizeram a distância) com idades entre 6 e

17 anos (41 crianças de 6 a 10 anos e 20 adolescentes de 11 a 17 anos). O fluxo de atendimento permitiu concluir que as variáveis que mais afetam o tratamento são o tipo de acompanhamento (a distância foi melhor) e a existência de problemas de comportamento (indivíduos que os possuem apresentaram piores resultados se comparados àqueles que não os têm). Pereira, todavia, aponta que, como na composição dos grupos essas duas características se sobrepuseram, é impossível afirmar se é apenas uma ou ambas que afetam o resultado, mesmo que, no caso dos problemas de comportamento, o resultado corrobore a conclusão do mestrado de Arantes. Uma informação interessante obtida nesse estudo é sobre a desistência dos participantes, que incide mais entre as crianças (adolescentes não abandonaram o tratamento nessa pesquisa), mas não se observam diferenças nesse caso em relação ao sexo ou à escolaridade dos pais.

Em relação à desistência, Pereira aponta que o resultado obtido em sua pesquisa pode justificar o achado publicado pelo grupo, sob a forma de artigo (Daibs et al., 2010), de que o impacto sofrido pelo indivíduo e a intolerância de seus pais aumentam com a idade. Ou seja, para adolescentes, que podem ter passado por outros tratamentos, nunca terem adquirido controle esfincteriano, terem sofrido por mais tempo os efeitos sociais que a enurese provoca, a "motivação" para conclusão do tratamento com alarme é aumentada. Na linha dos problemas de comportamento, a pesquisa de Pereira corrobora o que foi verificado no artigo (Pereira et al., 2009) citado anteriormente, e faz uma análise descartando que essas mudanças se devam ao próprio sucesso do tratamento ou ao atendimento presencial; a questão ficou em aberto, embora o autor tome como hipótese que a própria aplicação dos inventários esteja sujeita aos vieses pessoais dos pais que desejam o tratamento e podem exagerar nos escores de problemas dos filhos.

Ainda interessado no maior acesso e na manutenção de baixo custo do tratamento com alarme, em 2010, o doutorado de Noel José Dias da Costa tratou do acompanhamento pela internet direcionado a terapeutas trabalhando em locais como serviços-escola, unidades básicas de saúde, além de consultórios particulares, de diversas regiões do Brasil. Para isso, dividiu dois grupos em função do tempo de experiência dos terapeutas (menos de 10 anos de atividade *versus* 10 ou mais anos de profissão), e avaliou, além dos resultados dos clientes destes quanto à variação nos escores das Escalas de Intolerância, dos CBCLs e do resultado do tratamento, a quantidade de contatos que estes (psicólogos) fizeram com o supervisor. Dos psicólogos avaliados que concluíram o tratamento (n=30), 15 obtiveram sucesso, 13 descontinuaram o tratamento e 2 não obtiveram sucesso; observou-se que terapeutas menos experientes utilizaram mais contatos para supervisão que aqueles com 10 ou mais anos de prática. Apesar da taxa de sucesso ligeiramente inferior à da literatura, a proximidade desta ainda justifica o uso dessa modalidade de supervisão, segundo o autor da pesquisa; as taxas de variação de outras variáveis como a intolerância materna e problemas de comportamento se deram no mesmo sentido de outras pesquisas do grupo, corroborando a eficácia do tratamento supervisionado a distância.

Interessada na frequente associação observada entre enurese e TDAH (Transtorno de Déficit de Atenção e Hiperatividade), Carolina Ribeiro de Sousa, em seu mestrado, concluído no ano de 2010, buscou avaliar esse quadro comórbido, em parceria com o Instituto de Psiquiatria da Faculdade de Medicina da Universidade de São Paulo (IPq – FMUSP). Ao apontar, na literatura internacional, que a ocorrência de ambos os quadros é bidirecional e chega a 30%, a autora procurou avaliar se o tratamento com alarme de urina é eficaz para remissão do distúrbio miccional nessa população. Como objetivos adicionais, procurou verificar se existem diferenças no tempo de aquisição de sucesso além de mudanças na quantidade de problemas comportamentais pós-tratamento. Como visto nos estudos anteriores do grupo, o tratamento tem e gera diferenças significativas para indivíduos com níveis diversos de problemas de comportamento. A autora tratou 31 crianças, sendo 13 diagnosticadas com a comorbidade e 18 controles, não observando diferenças significativas nem quanto ao sucesso no tratamento – cuja taxa foi dentro da esperada pela literatura – nem quanto ao tempo de aquisição do sucesso, mesmo que esses valores fossem ligeiramente diferentes entre si; esses achados corroboram Arantes, no sentido de os problemas de comportamento, mesmo sobrepostos, não afetarem o resultado final da terapia com o alarme, embora afetem a duração da mesma. Uma diferença interessante encontrada pela pesquisa é que, por meio do CBCL, observou-se que não houve a diminuição expressiva nos problemas de comportamento, vista nos outros trabalhos do grupo, embora ela tenha ocorrido.

Projetos em andamento e desenvolvimentos futuros

Recentemente a atenção do grupo recaiu sobre uma característica psicológica não explorada anteriormente, o autoconceito. Para estudá-lo, o grupo faz uso do EAC-IJ (Sisto e Martinelli, 2004). Além disso, um questionário de qualidade de vida, o AUQEI (Assumpção et al., 2000) tem sido usado para verificar outros aspectos emocionais e familiares na percepção da criança/adolescente.

Atualmente, a mestranda Rafaela Almeida Ferrari avalia o efeito que os problemas de comportamento têm sobre o acompanhamento do tratamento por telefone. Seu trabalho tem parâmetros semelhantes ao trabalho de Arantes, exceto pela adição de outros instrumentos na fase de avaliação psicológica pré e pós-teste (além do CBCL, será utilizado o DOF – *Direct Observer Form* (McConaughy e Achenbach, 2009), do mesmo autor) para avaliar a diferença na percepção dos pais e da psicóloga, e pelo fato de a pesquisadora não ter acesso às informações sobre problemas de comportamento dos participantes. O trabalho vem no sentido de esclarecer os fatores que precisam de atenção do clínico responsável no manejo do caso, mantendo a qualidade e o baixo custo, característica importante, vista em vários dos trabalhos anteriores.

A doutoranda Paula Braga-Porto, em seu projeto atual, vai estudar os efeitos de outras medidas comportamentais sobre a enurese noturna, num protocolo conhecido como uroterapia, composto de alterações de hábitos alimentares e miccionais. Ela fará uso do alarme de urina associado a esse protocolo, avaliando dois grupos: um que receberá as instruções desse procedimento antes do tratamento com o alarme e um grupo que as receberá depois. O objetivo é estabelecer estratégias que possam maximizar os efeitos do protocolo de tratamento já estabelecido, em termos de sucesso, redução de tempo, etc., além de buscar evidências que comprovem que esses tratamentos suplementares são realmente úteis.

Rodrigo Fernando Pereira, agora no pós-doutorado, está conduzindo um estudo para explicar parte do funcionamento orgânico do tratamento com o alarme. Utilizando exames laboratoriais para verificar e comparar a osmolaridade da urina dos participantes no início e no fim do tratamento, pretende esclarecer mecanismos hormonais envolvidos na aquisição e na manutenção do controle vesical noturno pós-terapia.

Por fim, concluindo a descrição dos progressos pelos quais o Projeto Enurese passou nestes últimos anos, cabe dizer que uma importante parceria se firmou no ano de 2011 entre a equipe da psicologia e novos integrantes das áreas da medicina e da fisioterapia. A criação de um grupo interdisciplinar de pesquisa tem permitido uma avaliação mais completa dos casos no início, além de permitir uma escolha mais certeira no tratamento a seguir, visando alcançar aquela parcela não atendida previamente nos tratamentos do Projeto Enurese. No campo da medicina, temos as médicas nefrologistas Vera Koch, Simone Fagundes e Adrienne Lebl, também interessadas em fornecer um tratamento mais amplo para a enurese, conjugando diversas modalidades terapêuticas; na fisioterapia, duas alunas do curso de especialização em reeducação funcional da postura e do movimento, Andressa Santos Damasceno Moreira e Thamires Meira da Silva Rezende, interessadas na avaliação do padrão postural e na intervenção fisioterápica dos indivíduos com enurese, sendo que ambas têm seu trabalho de conclusão de curso orientado pela preceptora do curso em questão, Rita Pavione Rodrigues Pereira e pela Profa. Clarice Tanaka, Titular do Departamentto de Fisioterapia, Fonoaudiologia e Terapia Ocupacional da Faculdade de Medicina da USP. O projeto que engloba todas essas áreas e envolve também a avaliação polissonográfica das crianças recebeu apoio da FAPESP, indicando o respaldo dessa importante agência de fomento para a iniciativa.

Este capítulo contemplou apenas uma pequena parte daqueles que foram importantes para o Projeto Enurese ao longo de 20 anos de atividades; muitos outros trabalhos de alunos de vários níveis acadêmicos fizeram parte dessa história, direta ou indiretamente. Os integrantes que permanecem, assim como os novos – importantes membros da equipe –, com seus trabalhos, além de possibilitar um grande avanço na caracterização preliminar dos casos e fornecer novas possibilidades de tratamento individualizado, colaboram para aumentar ainda mais a qualidade dos serviços prestados à comunidade. Essas pessoas, na qualidade dupla de pesquisadores e clínicos, permitem continuar produzindo conhecimento científico de alta qualidade, que, sem o trabalho descrito sob a orientação da Profa. Edwiges, não teria sido possível.

Pontos para lembrar

- Tanto faz: Atendimento presencial *versus* à distância, em grupo *versus* individual, criança *versus* adolescente, a terapia comportamental com alarme funciona muito bem se os procedimentos forem seguidos cuidadosamente.
- Problemas de comportamento dependem de quem os vê. Por isso, o maior número de informantes possíveis ajuda a compreender melhor o caso.
- O tratamento é econômico tanto para quem faz quanto para quem o ministra (no caso de clínicas-escola e outras instituições de ensino), já que o alarme é mais barato que o tratamento medicamentoso de primeira linha e tão eficaz quanto, além de possibilitar acompanhamentos em grupos presenciais e por telefone, reduzindo o número de terapeutas responsáveis pelos atendimentos.

Perguntas de revisão

1. O que é afetado, no tratamento com alarme, pelos problemas de comportamento?
   a) Nada.
   b) A frequência inicial dos episódios de escape noturno (aumenta por pirraça/birra).
   c) O tempo de resposta ao tratamento e o índice de sucesso.
   d) A dificuldade que a criança tem para acordar aumenta com os problemas.

2. Qual das variáveis ditas psicológicas a seguir NÃO foi estudada pelo Projeto Enurese?
   a) Autoestima e autoconceito.
   b) Qualidade de vida.
   c) Impacto psicológico da enurese.
   d) Características psicodinâmicas da personalidade.

3. Por que, na avaliação psicológica, o Projeto Enurese usa vários instrumentos para avaliação de problemas comportamentais?
   a) Porque quando várias pessoas observam e concordam que os mesmos problemas estão acontecendo, existe maior certeza nessa informação.
   b) Porque uma boa avaliação se faz comparando o que várias pessoas respondem sobre um indivíduo em vários testes.
   c) Porque psicólogos não confiam no que as pessoas dizem.
   d) As respostas A e B estão corretas.

Respostas: 1.c 2.d 3.d

Referências

Achenbach, T. M., & Rescorla, L. A. (2001). *Manual for the ASEBA School-Age Forms & Profiles*. Burlington: University of Vermont, Research Center for Children, Youth, and Families.

Arantes, M. C. (2007). *Problemas de comportamento e resultados do tratamento com alarme para enurese primária* (Dissertação de mestrado). Instituto de Psicologia, Universidade de São Paulo, São Paulo.

Assumpção Jr, F. B., Kuczynski, E., Sprovieri, M. H., & Aranha, E. M. G. (2000). Escala de avaliação de qualidade de vida (AUQEI – Autoquestionnaire Qualité de Vie Enfant Imagé): Validade e confiabilidade de uma escala para qualidade de vida em crianças de 4 a 12 anos. *Arquivos de Neuro-Psiquiatria, 58*(1), 119-127.

Butler, R. J. (1994). *Nocturnal enuresis: The child's experience*. Oxford: Butterworth-Heinemann.

Costa, N. J. D. (2005). *A enurese noturna na adolescência e a intervenção comportamental em grupo x individual com uso de aparelho nacional de alarme* (Dissertação de mestrado). Instituto de Psicologia, Universidade de São Paulo, São Paulo.

Costa, N. J. D. (2010). *A supervisão pela internet para o tratamento comportamental da enurese com aparelho nacional de alarme* (Tese de doutorado). Instituto de Psicologia, Universidade de São Paulo, São Paulo.

Daibs, Y. S., Pereira. R. F., Emerich, D. R., & Silvares, E. F. M. (2010). Enurese noturna: Impacto em crianças e adolescentes e a tolerância dos pais. *Interação em Psicologia, 14*, 175-183.

McConaughy, S. H., & Achenbach, T. M. (2009). *Manual for the direct observation form*. Burlington: University of Vermont, Center for Children, Youth, & Families.

Meneghello, M. H. B. G., Pereira, R. F., & Silvares, E. F. M. (2006). Eficácia em longo prazo no tratamento comportamental com uso de alarme para enurese noturna em crianças e adolescentes. *Psicologia: teoria e prática, 8*(2), 102-111.

Morgan, R. T., & Young, G. C. (1975). Parental attitudes and the conditioning treatment of childhood enuresis. *Behavior Research and Therapy, 13*(2-3), 197-199.

Oliveira, D. S. (1999). *O uso do aparelho de alarme no tratamento comportamental da enurese infantil noturna* (Dissertação de mestrado). Instituto de Psicologia, Universidade de São Paulo, São Paulo.

Pereira, R. F. (2006). *A enurese noturna na infância e na adolescência: Intervenção em grupo e individual com uso de aparelho nacional de alarme* (Dissertação de mestrado). Universidade de São Paulo, São Paulo.

Pereira, R. F. (2010). *Variáveis moderadoras do resultado da intervenção com alarme para a enurese noturna* (Tese de doutorado). Universidade de São Paulo, São Paulo.

Pereira, R. F., Costa, N. J. D., Rocha, M. M., Arantes, M. C., & Silvares, E. F. M. (2009). A terapia comportamental da enurese e os problemas de comportamento. *Psicologia: teoria e pesquisa, 25*(3), 419-423.

Salvo, C. G., Toni, P. M., & Silvares, E. F. M. (2008). Análise fatorial e unidimensionalidade da escala de impacto à enurese. *PSICO, 39*(2), 240-245

Silva, R. A. P. (2004). *Enurese noturna monossintomática: Intervenção comportamental em grupos de pais e em grupos de crianças com aparelho nacional de alarme* (Dissertação de mestrado). Instituto de Psicologia, Universidade de São Paulo, São Paulo.

Sisto, F. F., & Martinelli, S. C. (2004). *Escala de autoconceito infanto-juvenil (EAC-IJ)*. São Paulo: Vetor Editora Psico-pedagógica.

Sousa, C. R. B. (2010). *Tratamento comportamental da enurese noturna em crianças com comorbidade de Transtorno de Déficit de Atenção e Hiperatividade* (Dissertação de mestrado). Universidade de São Paulo, São Paulo.

Índice

A

Acupuntura (tratamento alternativo), 139
Adolescente, enurese em (importância do tratamento), 15
Adultos, enurese em, 147
Anamnese, 67, 69
   aspectos psicossociais e, 67
   funcional (fisioterapia), 127
   história médica atual, 71
   história médica pregressa, 71
   história prévia, investigação da, 71
   histórico familiar, 74
   outras dificuldades associadas, investigação de, 71
   problemas de comportamento, comorbidade com, 73
   problemas emocionais, presença de, 73
   queixa principal
      apresentação atual do transtorno, 69
      desenvolvimento, 69
      histórico, 69
Apneia, enurese e, 61
Aspectos psicossociais, 67
Avaliação da enurese, 67
   fisioterapêutica da criança, 127
      anamnese funcional, 127
      neurofuncional, 131
      postura estática e dinâmica, 128
         ajoelhado para semiajoelhado, 128
         apoio unipodálico, 128
         marcha, 130
         postura, avaliação clínica da, 128
         posturografia, 128
         sentar e levantar, 130
   processo de, 67
Avaliação médica
   diário miccional, 81, 82
   enurese noturna monossintomática, caracterização da, 85, 87
   enurese noturna não monossintomática, caracterização da, 85, 87
   exame físico, 81, 85
      dirigido, modelo de, 83
   exames diagnósticos, 89
      estudo urodinâmico, 93
      ultrassom de vias urinárias, 89
      urofluxometria, 89
   exames laboratoriais, 81, 88

C

Comorbidade, 55
   apneia, enurese e, 61
   encoprese, enurese e, 57
   implicações de, 62
   intervenção, momento mais adequado para a, 62
   obesidade, enurese e, 60
   problemas de comportamento, enurese e, 73
   TDAH, enurese e, 57
Criança, enurese em (importância do tratamento), 15

D

Desmopressina
   alarme e, 116
   esquema de orientação do tratamento com, 112
   oxibutinina e, 117
   tratamento medicamentoso, 110, 118
Disfunção miccional
   classificação, 30
   diagnóstico, 34

etiologia, 31
exame físico, 33
na infância, 29
quadro clínico, 32
tratamento, 35

E

Encoprese, enurese e, 57
Enurese
   apneia e, 61
   aspectos positivos da sua eliminação, 22
   aspectos teóricos, 174
   avaliação da, 67
   comorbidade entre outros quadros e, 55
   distúrbio do despertar, 19
   em adolescente, 15
   em adulto, 147
   em criança, 15
   encoprese e, 57
   etiologia da, 16, 41
   fisioterapia no tratamento da, 125
   impacto negativo da permanência da
      condição de, 22
   monossintomática, caracterização da, 85,
      87
   não monossintomática, caracterização da,
      85, 87
   obesidade e, 60
   Projeto Enurese, 189
   TDAH e, 57
   teoria dos 3 sistemas, 45
   trabalhos com
      Projeto Enurese, 189
      serviço-escola de psicologia, 162
   tratamento alternativo para a, 137
   tratamento a partir de um serviço-escola de
      psicologia, 157
   tratamento medicamentoso, 109
Epidemiologia, 16
Estimulação magnética (tratamento
      alternativo), 141
Etiologia, 16, 31, 41
   atraso no desenvolvimento e maturação do
      sistema nervoso central, 42
   baixa capacidade funcional, 48
   despertar, dificuldade no, 46
   disfunção miccional na infância, 31
   enurese em crianças e adolescentes, 16
   estudo molecular, 44
   estudos familiares, 42
   fatores psicológicos, 45

gêmeos, estudos com, 43
genética, 42
herança, modo de, 43
hiperatividade detrusora, 48
impacto no diagnóstico, 41
poliúria noturna, 47

F

Fatores psicológicos, 45
Fisioterapia (tratamento), 125

H

Hiperatividade detrusora, 48
Hipnoterapia (tratamento alternativo), 142

I

Imipramina
   alarme e, 117
   oxibutinina e, 117
   tratamento medicamentoso, 113, 118

O

Obesidade, enurese e, 60
Oxibutinina
   desmopressina e, 117
   imipramina e, 117
   tratamento medicamentoso, 115, 118

P

Patogenia, 16
Problemas de comportamento
   anamnese, 73
   comorbidade com, 73
   Projeto Enurese, 190
Projeto Enurese, 189
   desenvolvimentos futuros, 195
   ensino, pesquisa e extensão, 189
   perspectiva dos pais, 190
   primeiros trabalhos, 191
   problemas de comportamento, 190
   projetos em andamento, 195

Q

Quiropraxia (tratamento alternativo), 141

S

Serviço-escola de psicologia (tratamento com
      supervisão a distância), 157

definição, 157
função, 158
inversão do fluxo de atendimento, motivo para, 160
mediação pela internet, 161
novas modalidades de atendimento, importância, 157
relato de trabalho, 162
　aparelho de alarme de urina, 170
　aspectos do terapeuta, 174
　　dificuldades pessoais, 174
　　informações acadêmicas, 174
　aspectos práticos, 171
　　funcionamento do aparelho de alarme, 171
　　orientação psicoeducacional aos pais, 172
　　outras demandas dos clientes, 172
　aspectos teóricos, 173
　　compreensão racional do tratamento, 173
　　enurese, 174
　　fundamentação do tratamento, 173
　compromisso dos serviços-escola e das UBSs, 167
　participantes, 162
　pesquisador com psicólogos (intervenção), 167
　Projeto Enurese, 189
　psicólogos com clientes (intervenção), 169
　resultados, 170
supervisão em psicologia
　a distância 161
　definição, 161
Supervisão a distância (tratamento), 161
Supervisão em psicologia
　a distância 161
　definição, 161

T

TDAH, enurese e, 57
Teoria dos 3 sistemas, 45
Tratamento
　adesão, 179, 181
　　dicas práticas, 185
　　em psicoterapia, 179
　　em saúde, 179
　　principais dificuldades, 179
　adolescentes, 15
　crianças, 15

　disfunção miccional, 35
　fisioterapia, 125
　　avaliação, 127
　　reeducação funcional, 131
　omissão, 20
　permanência da condição, 22
　serviço-escola de psicologia, 157
　supervisão a distância, 157
Tratamento alternativo, 137
　acupuntura, 139
　estimulação magnética, 141
　hipnoterapia, 142
　homotoxicologia, 140
　medidas terapêuticas complementares (uroterapia), 142
　quiropraxia, 141
Tratamento com alarme, 97
　aparelho de alarme de urina (relato de trabalho), 170
　combinado
　　desmopressina e alarme, 116
　　imipramina e alarme, 117
　como fazer, 97, 99
　　acompanhamento, 101
　　avaliação do tratamento, 104
　　informação da família, 99
　　principais dificuldades no uso, 103
　　procedimentos complementares, 100
　　quantidade de líquido administrada na superaprendizagem, 105
　　recaída, prevenção de, 104
　　utilização do alarme, 100
　Projeto Enurese, 189
　quando escolher o alarme, 99
　quando não funciona, 105
　representação esquemática do aparelho de alarme nacional, 170
Tratamento combinado, 116
　desmopressina e alarme, 116
　desmopressina e oxibutinina, 117
　imipramina e alarme, 117
　oxibutinina e imipramina, 117
Tratamento medicamentoso, 109
　combinado, 116
　como usar, 109
　drogas, 110
　　desmopressina, 110, 112
　　imipramina, 113
　　outras, 117
　　oxibutinina, 115
　quando usar, 109